2022—2035年广西古籍工作规划重点出版项目（第一批）

广西民族文化保护与传承研究中心学术著作资助出版项目

广西石刻丛书

荔浦石刻

广西壮族自治区少数民族古籍保护研究中心
广西民族文化保护与传承研究中心
荔浦市文物管理所 编

主编 李云

副主编 李萍 蔡红梅

广西教育出版社·南宁

图书在版编目（CIP）数据

荔浦石刻 / 广西壮族自治区少数民族古籍保护研究中心，广西民族文化保护与传承研究中心，荔浦市文物管理所编；李云主编. -- 南宁：广西教育出版社，2024.11. -- ISBN 978-7-5435-9502-6

Ⅰ. K877.4

中国国家版本馆CIP数据核字第2024MF7799号

荔浦石刻

LIPU SHIKE

项目统筹：韦胜辉	**组稿编辑：**韦林池
策划编辑：黄　明　陈逸飞	**责任编辑：**黄　明　陈逸飞　熊奥奔
责任校对：何　云　陆嫣澄	**封面设计：**潘焰荣
版式设计：杨　阳	**责任技编：**蒋　媛

出 版 人：石立民
出版发行：广西教育出版社
地　　址：广西南宁市鲤湾路8号　邮政编码：530022
电　　话：0771—5865797
本社网址：http://www.gxeph.com
电子信箱：gxeph@vip.163.com
印　　刷：广西民族印刷包装集团有限公司
开　　本：889毫米 x 1194毫米 1/16
印　　张：14
字　　数：150千字
版　　次：2024年11月第1版
印　　次：2024年11月第1次印刷
书　　号：ISBN 978-7-5435-9502-6
定　　价：148元

《荔浦石刻》编委会

编委会主任：韦如柱　陆晓芹　何彰贤

编委会副主任：方维荣　曾　妍　詹勋富

委　　员：（按姓氏笔画顺序排列）

卢子斌　李珊珊　岑奕璇　何元凯　郑钦才　钟　奕　俸娟秀

《荔浦石刻》编纂人员

主　　编：李　云

副 主 编：李　萍　蔡红梅

《荔浦石刻》搜集整理人员

石刻拓印：李　云　韦可祥　鲍　刚　邓志强　苗自晓

拓片扫描：梁　良　黄建国

文字整理：李　云　李　萍

统　　纂：韦如柱　陆晓芹　何彰贤　李　云

图片摄影：何彰贤　梁成明　陆大荣　韦荣广　蒋　毅　周俊远　杨　斌　蒙家园

刘凯华　马红专　覃建明　范秀云

图片提供：双江镇人民政府　荔浦市摄影家协会

荔城镇荔浦塔

荔城镇西岸桥

荔城镇鹅翎寺夜景

“传承文化遗产　庆祝建党百年”——2021年文化和自然遗产日系列活动

迎薰門

荔城镇福建会馆古戏台

荔城镇迎薰门

双江镇小成村抗战旧址

龙怀乡丰鱼岩“定海神针”

马岭镇银龙古寨

马岭镇睡美人山

杜莫镇古枫木林

杜莫镇枫木林风光

修仁镇文庙状元桥

修仁镇阿弥陀佛码头

东昌镇观音禅寺

东昌镇胜利门

东昌镇荷包洲吊桥

花箦镇韦氏宗祠

花箦镇土围建筑群

青山镇荔江湾景区

大塘镇义敢村抗日阵亡烈士纪念碑

目　录

双江镇

新坪镇

杜莫镇

修仁镇

序

为深入贯彻落实《中华人民共和国文物保护法》《广西壮族自治区文物保护条例》和《桂林市石刻保护条例》，加强对荔浦市石刻的保护和管理，挖掘和利用荔浦市石刻的历史、文化、艺术、科学价值，荔浦市委宣传部特组织编写《荔浦石刻》一书。这对推动荔浦文化事业繁荣发展，促进民族团结，建设美丽和谐新荔浦具有重大意义。2019 年 6 月，荔浦市文化广电体育和旅游局通过了《荔浦石刻》一书的编纂计划。

石刻文化是我国传统文化的重要组成部分，它的历史可以追溯到先秦时期，如《墨子》中就有“书于竹帛，镂于金石，琢于槃盂，传遗后世子孙者知之”的记述。石刻蕴含着丰富的历史文化信息，是具有较高文化价值、史料价值、艺术价值和学术研究价值的文献资源之一。石刻具有记事、纪功、颂德、褒奖、警策等多种功能，内容丰富，与简帛文献、纸本文献共同构成了我国历史文献中的三大主干。而与丰富的石质文物并行于世的是在石刻本体上拓印出来的纸质文物——拓片。拓片是一种比较特殊的中国传统技艺产品，它是使用宣纸和墨汁将金石、甲骨等文物上的文字或图案，通过一系列的工序，清晰拷贝出来的一种工艺产品，拓片能以 1∶1 的比例将原物上的图文清晰地展示出来。拓片承载着丰富的历史文化信息，是保存文献、考证史传、增补遗闻的重要资料，还是研究书法史的珍贵实物底本。

荔浦建县制于西汉元鼎六年（公元前 111 年），历史悠久。在岁月的长河中，荔浦孕育并保存了大量石刻，这些石刻品种繁多，内容丰富，举凡政治、军事、民俗风情、经济、名胜古迹、灾异、天文等无所不包。研究荔浦石刻，是进一步深化对荔浦古代史和近代史的研究，弘扬爱国主义精神，坚定文化自信，推动文化事业繁荣发展的重要举措。

文史资料在传承弘扬中华优秀传统文化、保护自然和历史文化遗产、丰富社会主义先进文化内涵方面发挥着积极的作用。荔浦的文物管理部门于 2017 年 12 月开始收集、拓印和整理荔浦石刻，为荔浦文史资料工作开辟了史料积累、研究的新途径和新领域。这些珍贵石刻资料可以匡史书之误、补档案之缺、辅史学之证，受到专家学者的高度重视。得益于专家学者的大力支持，荔浦的石刻研究工作得到稳步推进。

文化是一个国家、一个民族的灵魂，是民族生存和发展的重要力量。2023 年 6 月 2 日，习近平总书记在文化传承发展座谈会上强调，在新的起点上继续推动文化繁荣、建设文化强国、建设中华民族现代文明，是我们在新时代新的文化使命。要坚定文化自信，坚持走自己的路，立足中华民族伟大历史实践和当代实践，用中国道理总结好中国经验，把中国经验提升为中国理论，实现精神上的独立自主。要秉持开放包容，坚持马克思主义中国化时代化，传承发展中华优秀传统文化，促进外来文化本土化，不断培育和创造新时代中国特色社会主义文化。要坚持守正创新，以守正创新的正气和锐气，赓续历史文脉、谱写当代华章。荔浦市文物管理所经过长期的调查、研究、收集、拓印和整理，最终编成《荔浦石刻》一书，旨在通过本书让广大读者更加了解荔浦的历史文化。本书可作为荔浦对外文化交流的一个窗口。同时，该书也可以让荔浦人更加了解家乡独具魅力的历史文化，增强荔浦人民的文化认同感，激发荔浦人民建设富裕、文明、和谐新荔浦的创业热情。我相信，只要始终坚持存真求实的态度，始终坚持以史团结人、以史影响人、以史教育人，就能把这项有益当代、惠及千秋的事业做得更好，为推动荔浦大发展大繁荣做出更大的贡献。我更相信，《荔浦石刻》这朵文明之花一定会在和谐新荔浦建设中绚丽绽放，激励荔浦人民不断走向新的辉煌！

何彰贤

前　言

荔浦，位于广西壮族自治区东北部，山清水秀，洞奇石美，人杰地灵。自旧石器时代的“荔浦人”开始，人类就在这片土地上劳动、创造、繁衍、生息。西汉元鼎六年（公元前 111 年）荔浦开始置县，隶属苍梧郡。经历代建设和发展，到明清时期，荔浦与周边地区的政治、经济联系加强，成为水陆两便的交通枢纽。

荔浦石刻文化源远流长，是荔浦人在长期的生产生活中留下的重要的历史实物记载。荔浦石刻广泛分布于荔浦市及所辖乡镇的岩壁洞穴和古建筑中。截至目前，荔浦市文物管理所共拓印石刻 150 余通，这些石刻记载了荔浦从古代到近代的社会政治、经济、军事、文化、艺术等方面的信息，印证了荔浦的文明发展轨迹，为研究荔浦的历史提供了实物例证。荔浦石刻的文字信息表现了荔浦人民行善积德、崇文重教、英勇抵抗外敌入侵等高尚品质。在当代，荔浦石刻仍然具有重要的教育意义，《荔浦石刻》一书的出版将能够让荔浦人从历史的角度来了解荔浦、认识荔浦，让荔浦人记住乡愁，从而培养荔浦人热爱祖国、热爱家乡、建设家乡的情怀和责任感。

现存的荔浦石刻主要有摩崖石刻和碑碣石刻。摩崖石刻保存得最完好、最具代表性的部分主要集中在荔城镇的鹅翎岩、双江镇保安村穿岩和苏村口舌岩的石壁上，多为真书阴刻，少数为行书、草书。

鹅翎岩位于荔城镇鹅翎山山腰，岩内有佛寺，名鹅翎寺。鹅翎寺是一座具有上千年历史的古刹，相传鹅翎寺始建于唐太宗时期，唐代禅宗六祖慧能大师曾在此修行。鹅翎岩现尚存摩崖石刻 10 余通，多为历代官员和文人题刻，内容丰富且文采斐然，其中不乏赞美鹅翎寺风景优美的诗句，表现了人与自然融合无间、和谐共存的境界。宋代梁弼直的《祈雨文》和《永祈铭》，展现了当时的民间信仰和农耕文化，更体现了地方官员心系百姓，祈愿风调雨顺、国泰民安的深厚情怀；清代《许之豫等登鹅翎岩题诗》《梁朝纪登鹅翎岩题诗》和《胥时育登鹅翎岩题诗》，展现了鹅翎山的秀丽风景和佛门净地的清幽。

穿岩石刻位于荔浦市双江镇保安村寺门岭屯后，岩洞上方是千姿百态的钟乳石，下方是清泉潭。潭水深数尺，清涟见底，由东北角折流穿洞而过，倒映着洞中四处遍布的钟乳石，景致十分奇特。穿岩夏可避暑，冬能忘寒，通风明亮，溪水长流，乃荔浦名胜之一。岩洞壁间有多处名人题刻，其中最有代表性的是清康熙年间《何天麟穿岩题诗并序》和《许之豫游穿岩题诗》。

口舌岩石刻位于荔浦市双江镇两江村委苏村口舌岩的石壁上。关于口舌岩，民国三年（1914年）《荔浦县志》载："三十六里。在苏村山背。另有黑岩、钓岩、大岩、四岩相顾，岩前横路障以石墙，水绕崖覆，避乱居所，几若世外桃源。"口舌岩石刻有6通，如咸丰八年（1858年），居士李著芳在积善堡洞口石壁镂上"积善堡"三个大字。如道光、咸丰年间，李著芳咏口舌岩诗云："斯岩立堡妙如何，内有源泉混混过。舌卷妖氛藏海窟，口含石柱障鲸波。南天洞里熏风满，北地城中吉士多。左右层峦常耸翠，从今永唱太平歌。"体现了诗人深厚的爱国情怀和乡土情结。

碑碣石刻类型丰富，数量较多，多为真书阴刻。目前发现的主要包括修葺城门、会馆、寺庙、宗祠、桥梁、学堂等古建筑的捐资记事石刻；记录村规民约、告示、合同的石刻；叙述买卖田地、铺面等交易的叙事石刻；纪念名人英雄的墓碑等。捐资记事石刻主要分布在鹅翎寺、迎薰门、福建会馆、锁龙庵、大地桥、三圣宫、观音庙、刘氏宗祠等古建筑文物中，其中保存最好的是福建会馆内的捐资记事石刻，这些捐资记事石刻主要记载当时修筑古建筑的相关修缮事宜和慷慨捐资者的姓名。记录村规民约、告示、合同的石刻有马岭镇的《小青山村"众村永远立禁"碑》《小青山村合同碑记》和东昌镇的《奉各大宪禁革陋弊碑记》，以及民国时期的《荔浦县政府布告碑》，它们是前人共同遵循的行为准则。墓碑有清末抗法英雄陈嘉、何济生和黄政德的生平碑记，记载了他们的生平和当年抗法的丰功伟绩。

荔浦石刻反映了荔浦长久以来民族团结、和谐共处的社会环境。荔浦作为水陆两便的交通枢纽，商客往来频繁，如《福建会馆□□堂碑记》就有“我闽人居于荔邑不下千余户，我闽馆建于荔邑不下百余年”的记载，交通的便利使得荔浦与外地有了更多的互动，促进了多民族之间的交往交流交融。《荔浦县政府布告碑》，规定了当地民众共同遵守禁止盗伐林木维持民生的布告，促进社会和谐稳定，反映了当地各民族群众对于国家法律法规的认同。《重修关帝庙捐资记事碑》，记载了当地民众捐资重修关帝庙的过程，碑文中的“累朝崇祀”“与文宣王先后比隆”等表述也反映了当地民众对于儒家文化的认同。清代抗法英雄陈嘉、何济生、黄政德等将领的墓碑和《义敢村抗战阵亡烈士纪念碑》等反映了近代以来，荔浦各族人民抵抗外敌入侵时团结一致保家卫国的民族气节。这些石刻为广西铸牢中华民族共同体意识示范区建设提供源源不断的文化滋养。

荔浦石刻的独特价值一直受到学者和世人的关注。荔浦市政协高度重视荔浦石刻的保护、研究和利用，特别将荔浦石刻作为《荔浦文史》的一个章节编撰。《荔浦石刻》一书，以荔浦市区和所辖乡镇为调查范围，撷取了历代石刻中的精华，选择具有代表性的石刻拓片，以图文并茂、通俗易懂的形式，展示石刻的历史信息和文化内涵。本书由荔浦市委宣传部策划组织，荔浦市文物管理所邀请石刻文化专家林京海、曾燕娟、韦卫能、江田祥、鲍刚、彭众等指导，由荔浦市文物管理所原所长、文博馆员李云主编。他们都是从事石刻研究多年的专家，有着渊博的石刻知识和丰富的研究经验。2017 年以来，编者多次深入荔浦各乡镇，进行实地调查，全面考察石刻的保存状况，收集石刻的相关资料，遴选编写目录，力求精耕细作。经过整理、研究和编撰，最终辑成一册，旨在提升公众对文物保护的认识，弘扬中华优秀传统文化，让这份宝贵的文化遗产深深植根于民众心中，得以代代相传。鉴于石刻文化研究深邃广博，书中难免有疏漏之处，敬请读者指教厘正。

编　者

2024 年 2 月

凡　例

一、本书收录的范围主要为 1949 年以前刻立、现存于荔浦市境内的摩崖石刻、碑碣石刻等，酌情收录少量对联、匾额等。

二、本书收录的石刻主要以拓片形式展现，并著录石刻的存藏地点、规格和刻立时间等信息。

三、本书石刻有原题的采用原题，无原题的编者根据其内容主旨自拟题名。原题中漫漶的字用“□”代替。

四、本书石刻按照乡镇分类编排；同一个乡镇的石刻，以刻立时间先后为序；无年款者，参考撰刻者或石刻行文文中人物、事件、涉及建筑所处年代进行编排；刻立时间不详且缺乏时间参考信息者，按分布地点归类后，排在时间明确者之后。

五、为便于读者快速检索，书后附《荔浦市石刻分布表》。

六、对石刻涉及的重要人物或古旧建筑，本书做相应的文字说明。

荔城镇

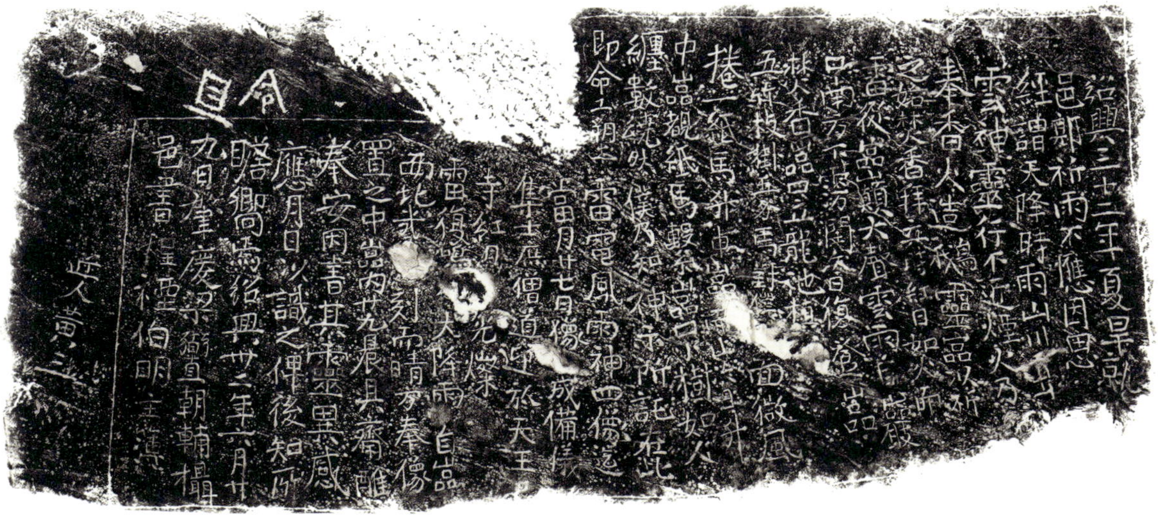

宋·梁弼直《祈雨文》

位于荔城镇鹅翎岩，为摩崖石刻。石刻面高68厘米，宽165厘米。字为真书，阴刻。刻于宋绍兴三十二年（1162年）。

鹅翎岩，位于荔城镇鹅翎山。岩内有佛寺，名鹅翎寺；岩内有鹅状钟乳石，故名“鹅翎岩”；岩内有摩崖石刻十余通，部分字迹尚清晰。古代当地人常到鹅翎岩祈雨，相传往往“求得”甘霖，故鹅翎岩又名“鹅翎应祷”，是荔浦古八景之一。

宋 · 甘叙异鹅翎岩题诗

位于荔城镇鹅翎岩，为摩崖石刻。石刻面高 70 厘米，宽 123 厘米。字为真书，阴刻。刻于宋淳熙十一年（1184 年）。

据民国三年（1914 年）《荔浦县志》记载，甘同叔，字叙异，丰城（今江西丰城市）人，宋淳熙年间进士。

宋·董居玉、胡子节同游鹅翎岩题名

位于荔城镇鹅翎岩，为摩崖石刻。石刻面高63厘米，宽40厘米。字为真书，阴刻。刻于宋淳熙十一年（1184年）。

宋·梁弼直《永祈铭》

位于荔城镇鹅翎岩，为摩崖石刻。石刻面高57厘米，宽57厘米。字为真书，阴刻。刻于宋绍兴年间，具体时间不详。

明·散山橘贤子鹅翎寺修砌坡路起造佛殿雕塑圣像述古偈颂

位于荔城镇鹅翎山半山腰，为摩崖石刻。石刻面高47厘米，宽94厘米。字为真书，阴刻。刻于明万历十四年（1586年）。

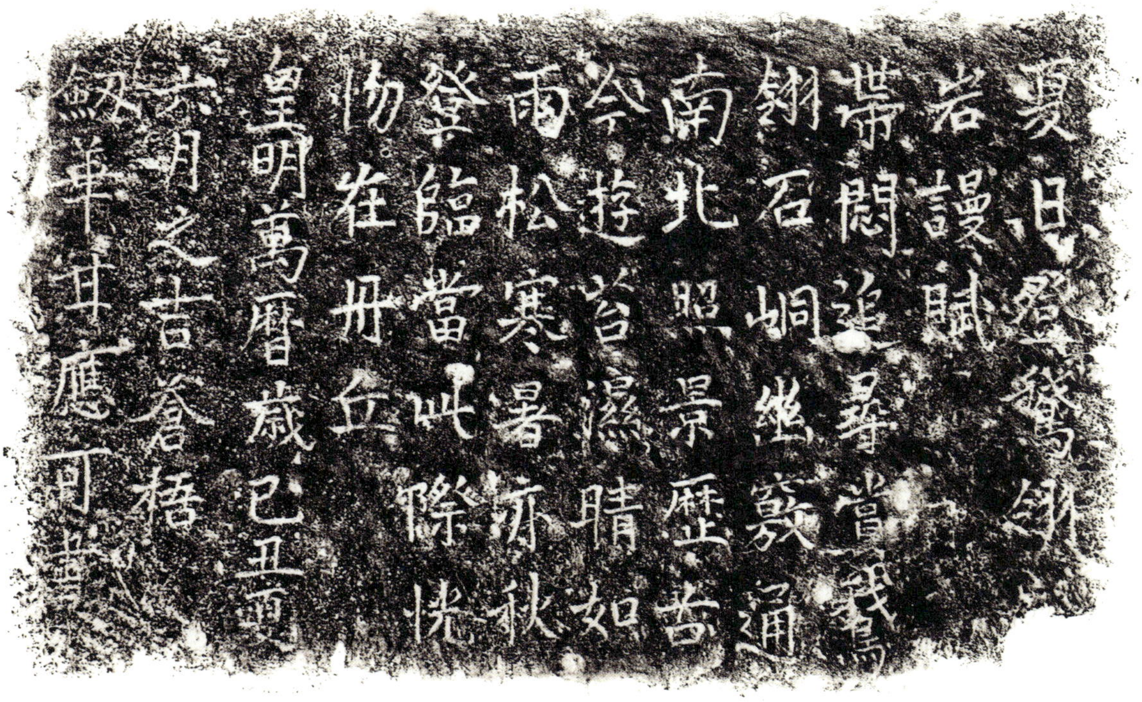

明 · 甘应可登鹅翎岩题诗

位于荔城镇鹅翎岩，为摩崖石刻。石刻面高 33 厘米，宽 54 厘米。字为真书，阴刻。题于明万历十七年（1589 年）。

明·刘大业登鹅翎岩题诗

位于荔城镇鹅翎岩，为摩崖石刻。石刻面高 75 厘米，宽 64 厘米。字为行草，阴刻。刻于明万历四十二年（1614 年）。

据民国三年（1914 年）《荔浦县志》记载，刘大业，荔浦人，明万历三十四年（1606 年）丙午科举人，官至郑州（今河南郑州市）牧。

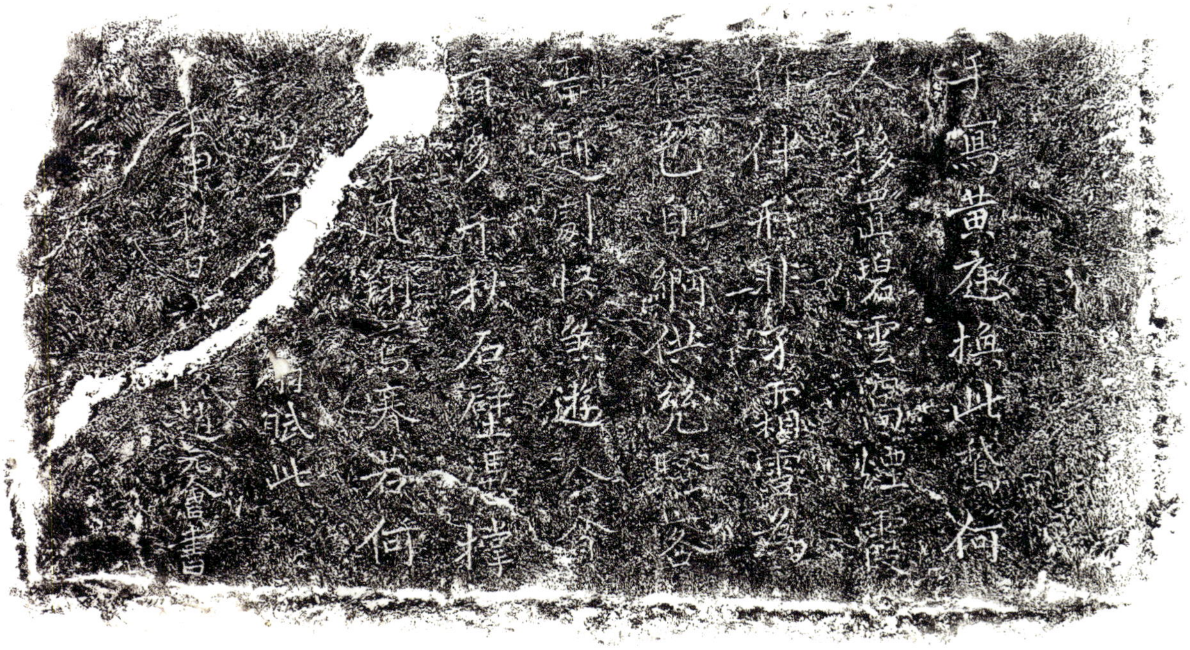

明·赵元会登鹅翎岩题诗

位于荔城镇鹅翎岩，为摩崖石刻。石刻面高30厘米，宽64厘米。字为真书，阴刻。刻于明崇祯五年（1632年）。

据民国三年（1914年）《荔浦县志》记载，赵元会，明崇祯四年（1631年）任荔浦知县，于潜（今浙江杭州市临安区於潜镇）人。

清 · 仍复上岩前后山场田地碑

位于荔城镇鹅翎寺。碑高 112 厘米，宽 60 厘米。字为真书，阴刻。刻于清康熙二十四年（1685 年）。

清·许之豫等登鹅翎岩题诗

位于荔城镇鹅翎岩，为摩崖石刻。石刻面高69厘米，宽322厘米。字为真书，阴刻。共题诗14首，右起第一第二首刻于清康熙五十一年（1712年），左起第一至第十二首刻于清康熙五十二年（1713年）。

据民国三年（1914年）《荔浦县志》记载，许之豫，康熙四十六年（1707年）任荔浦知县，湖广蒲圻（今湖北赤壁市）籍，汉阳（今湖北武汉市汉阳区）人。

清·修理鹅灵（翎）岩马（码）头募化碑

位于荔城镇鹅翎岩。碑高34厘米，宽56厘米。字为真书，阴刻。刻于清乾隆十九年（1754年）。碑题中的“马”通“码”，在当地“码头”有“台阶”之意。

清 · 装修鹅灵（翎）寺诸佛神像并殿宇碑记

位于荔城镇鹅翎寺。碑高 92 厘米，宽 67 厘米。字为真书，阴刻。刻于清乾隆二十二年（1757 年）。

清 · 梁朝纪登鹅翎岩题诗

位于荔城镇鹅翎寺岩，为摩崖石刻。石刻面高 30 厘米，宽 45 厘米。字为真书，阴刻。刻于清乾隆三十二年（1767 年）。

据民国三年（1914 年）《荔浦县志》记载，梁朝纪，荔浦人，清乾隆二十八年（1763 年）恩贡，官至永淳县（今广西横州市西北）教谕。

清 · 鹅翎寺重修栏杆捐资碑

位于荔城镇鹅翎岩。碑高 32 厘米，宽 53 厘米。字为真书，阴刻。刻于清乾隆三十九年（1774 年）。

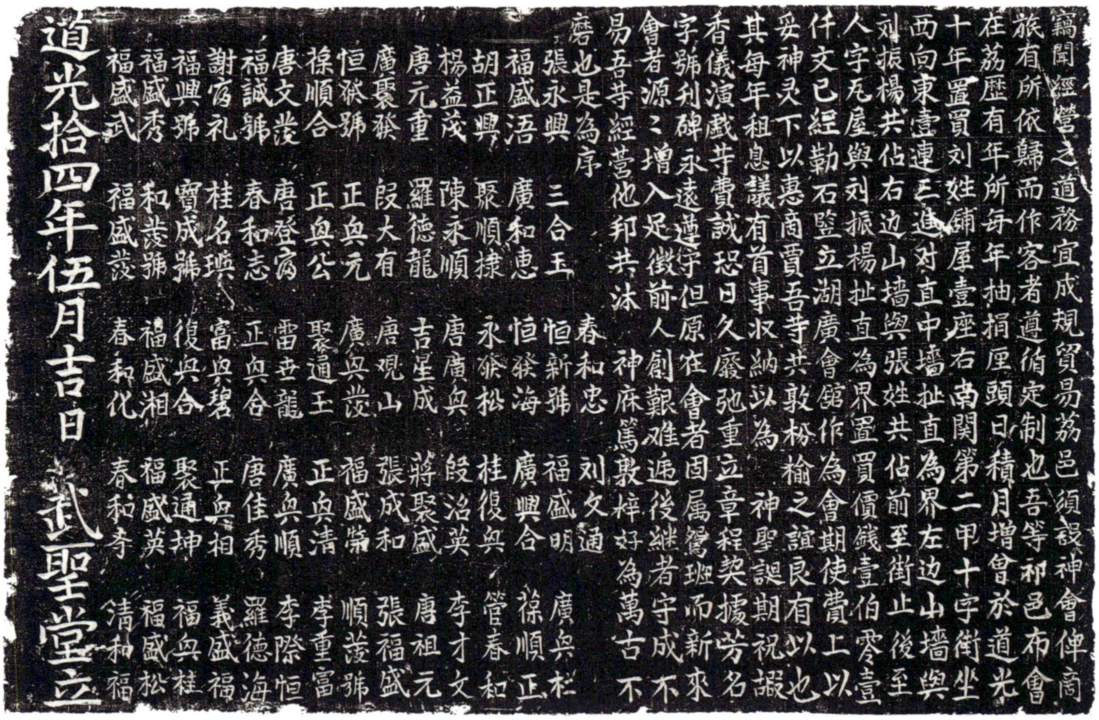

竊聞經營之道務宜成規貿易荔邑須設神會俾商
旅有所依歸而作客者遵循定制也吾等邗邑布會
在荔歷有年所每年抽捐厘頭日積月增曾於道光
十年置買刘姓鋪屋壹座右南關第二甲十字街坐
西向東壹連三進对直中墻扯直為界左边山墻與
刘振楊共佔右边山墻與張姓共佔前至街止後至
人字瓦屋與刘振楊扯直為界置買價錢壹伯零壹
仟文已經勒石豎立湖廣會館作為會期使費上以
妥神灵下以惠商賈吾等共敦枌榆之誼良有以也
其每年租息議有首事收納以為神聖誕期祝嘏
香儀演戲等費誠恐日久廢弛重立章程契據芳名
字號刊碑永遠遵守但原在會者固屬鴛班而新來
會者源源增入足徵前人創艱難迺後繼者守成不
易吾等經營他邦共沐 神庥篤敦梓好為萬古不
磨也是為序

張永興 福盛浯 胡正興 楊益茂 唐元重 廣襃發 恒發號 祿順合 唐文蕟 福誠號 謝宿礼 福興號 福盛秀 福盛武

三合玉 廣和惠 聚順棣 陳永順 羅德龍 段大有 正與元 正與公 唐登宿 春和志 桂名璵 寶成號 和蕟號 福盛蕟

春和忠 恒新號 恒發海 永發松 唐廣與 吉星成 唐观山 廣與蕟 聚通玉 雷吉龍 正與合 富與碧 復與合 福盛湘 春和化

刘文通 福盛明 廣興合 桂復與 段治英 蔣聚盛 張成和 福盛榮 正與清 廣與順 唐佳秀 正與相 聚通坤 福盛英 春和夀

廣與杉 祿順正 管春和 李才文 唐祖元 張福盛 順蕟號 李重富 李際恒 羅德海 義盛福 福與桂 福盛松 清和福

道光拾四年伍月吉日 武聖堂立

清 · 荔浦湖广会馆产业碑

位于荔城镇雍和巷一处居民院内。碑高 56 厘米，宽 86.5 厘米。字为真书，阴刻。刻于清道光十四年（1834 年）。据屋主介绍，他于 20 世纪 90 年代在十字街旧城改造的工地上发现这块碑。

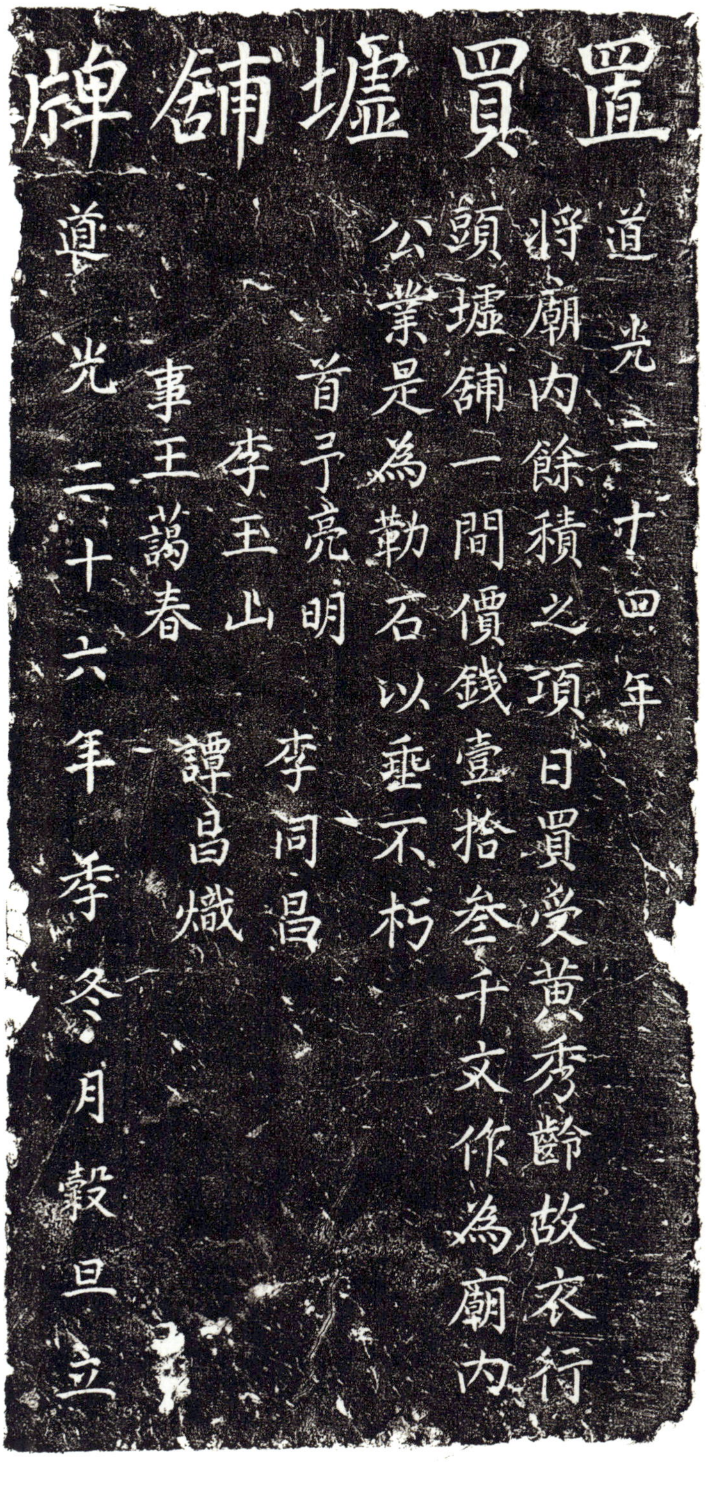
置買墟鋪牌
道光二十四年
將廟內餘積之項日買受黃秀齡故衣行
頭墟鋪一間價錢壹拾叁千文作為廟內
公業是為勒石以垂不朽
首子亮明 李同昌
李玉山 譚昌熾
事王藹春
道光二十六年季冬月穀旦立

清 · 置买墟铺牌

位于荔城镇福建会馆前厅。牌高 54 厘米，宽 28 厘米。字为真书，阴刻。刻于清道光二十六年（1846 年）。

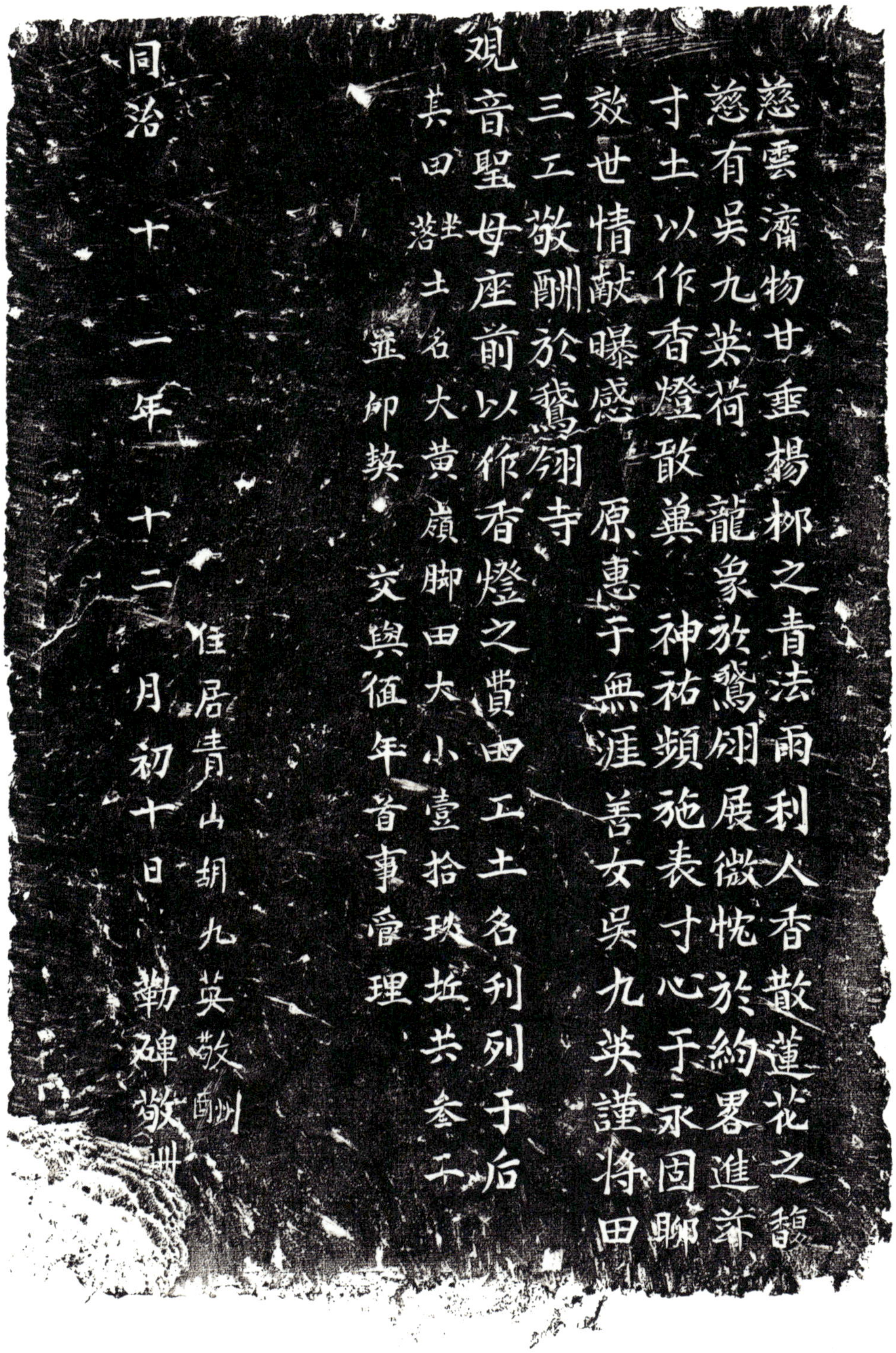
慈雲濟物甘垂楊栁之青法雨利人香散蓮花之馥
慈有吳九英荷龍象於鷟翎展微忱於約畧進芹
寸土以作香燈敢冀神祐頻施表寸心于永固聊
效世情獻曝感原惠于無涯善女吳九英謹將田
三工敬酬於鷟翎寺
观音聖母座前以作香燈之貲田工土名刋列于后
其田坐落土名大黄嶺脚田大小壹拾玖坵共叁工
並印契 交與值年首事管理
住居青山胡九英敬酬
同治十一年十二月初十日 勒碑敬酬

清·胡九英鹅翎寺酬谢碑

位于荔城镇鹅翎岩。碑高62厘米，宽47厘米。字为真书，阴刻。刻于清同治十一年（1872年）。

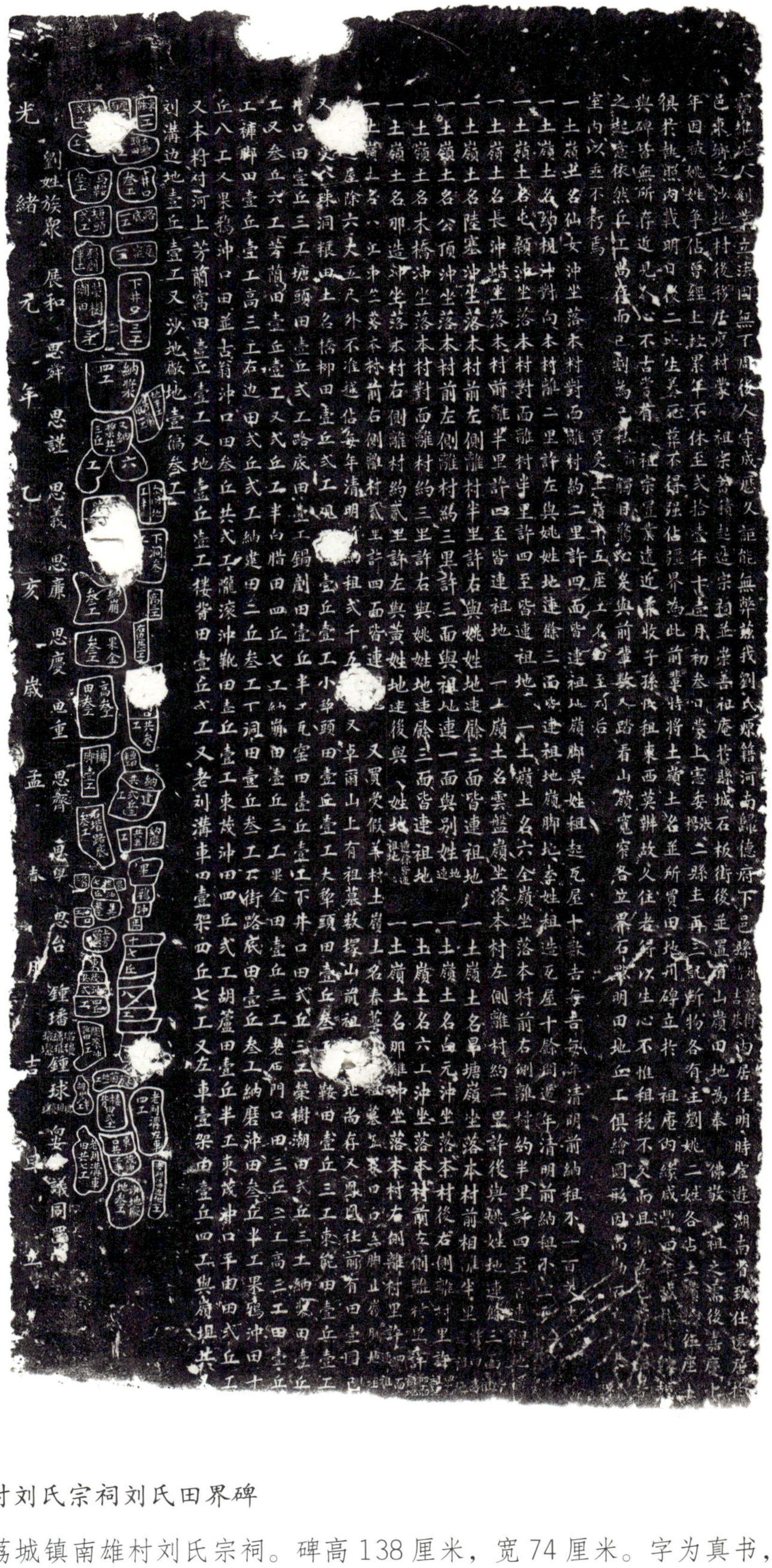

清·南雄村刘氏宗祠刘氏田界碑

位于荔城镇南雄村刘氏宗祠。碑高138厘米，宽74厘米。字为真书，阴刻。刻于清光绪元年（1875年）。碑面有若干处破损，据刘氏后人介绍，是1970年生产队装耕田机器时所破坏。

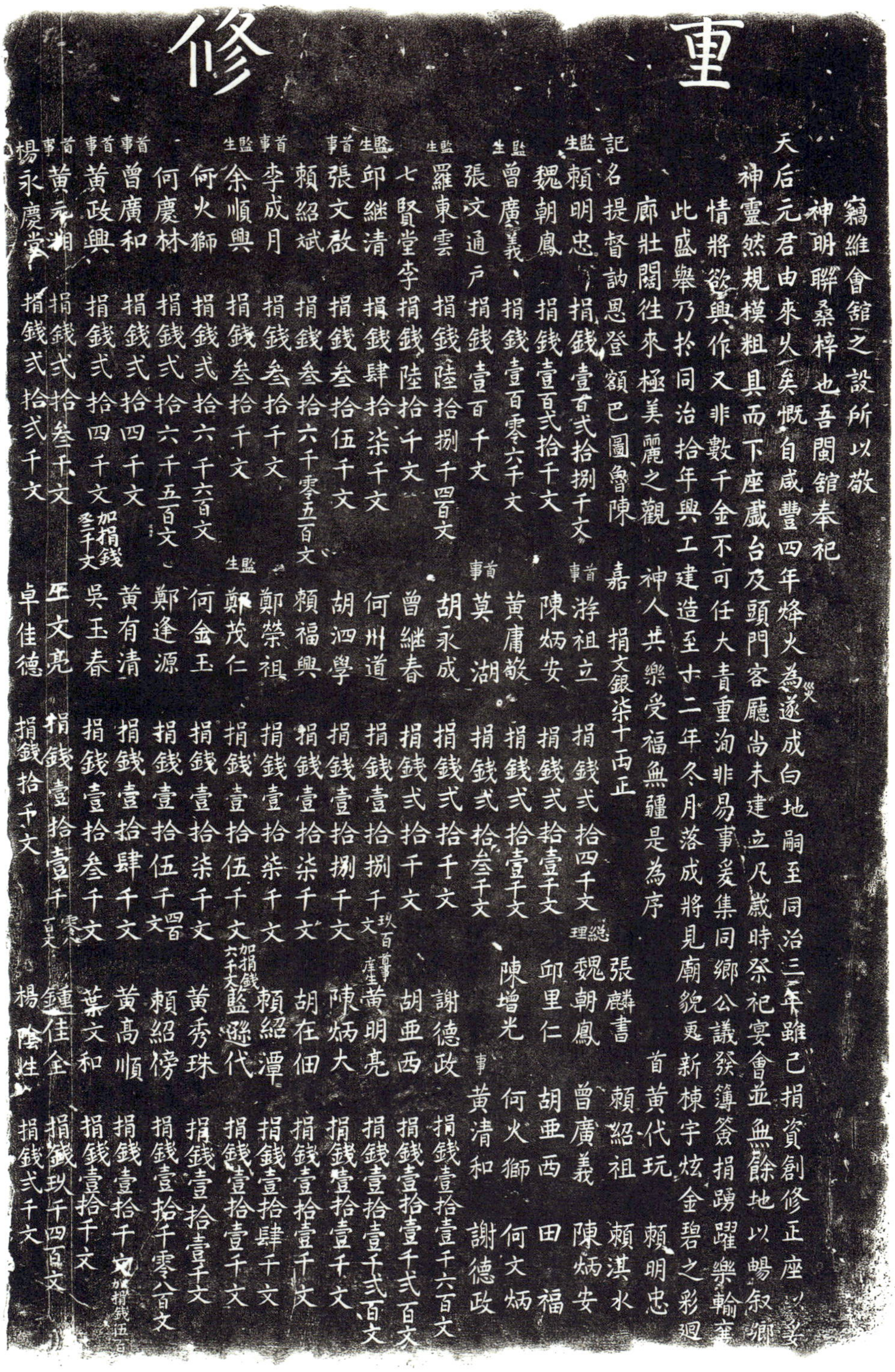
重修

竊維會舘之設所以敬
神明聯桑梓也吾閩舘奉祀
天后元君由來久矣慨自咸豐四年烽火為災遂成白地嗣至同治三年雖己捐資創修正座以妥
神靈然規模粗具而下座戲台及頭門客廳尚未建立凡歲時祭祀宴會並無餘地以暢叙鄉
情將欲興作又非數千金不可任大責重洵非易事爰集同鄉公議發簿簽捐踴躍樂輸寔
此盛舉乃於同治拾年興工建造至十二年冬月落成將見廟貌更新棟宇炫金碧之彩迴
廊壯闊往來極美麗之觀神人共樂受福無疆是為序
記名提督訥恩登額巴圖魯陳嘉 捐文銀柒十兩正

監生賴明忠 捐錢壹百弍拾捌千文
魏朝鳳 捐錢壹百弍拾千文
監生曾廣義 捐錢壹百零六千文
張文通戶 捐錢壹百千文
監生羅東雲 捐錢陸拾捌千四百文
七賢堂李 捐錢陸拾千文
監生卯繼清 捐錢肆拾柒千文
首事張文啟 捐錢叁拾伍千文
賴紹斌 捐錢叁拾六千零五百文
首事李成月 捐錢叁拾千文
監生余順興 捐錢叁拾千文
何火獅 捐錢弍拾六千六百文
何慶林 捐錢弍拾六千五百文
首事曾廣和 捐錢弍拾四千文
首事黃政興 捐錢弍拾四千文 加捐錢叁千文
首事黃元湘 捐錢弍拾叁千文
楊永慶堂 捐錢弍拾弍千文

首事游祖立 捐錢弍拾四千文
陳炳安 捐錢弍拾壹千文
黃庸敬 捐錢弍拾壹千文
首事莫湖 捐錢弍拾叁千文
胡永成 捐錢弍拾千文
曾繼春 捐錢弍拾千文
何州道 捐錢壹拾捌千玖百文
胡泗學 捐錢壹拾捌千文
賴福興 捐錢壹拾柒千文
鄭榮祖 捐錢壹拾柒千文
監生鄭茂仁 捐錢壹拾伍千文 加捐錢六千文
何金玉 捐錢壹拾柒千文
鄭逢源 捐錢壹拾伍千四百文
黃有清 捐錢壹拾肆千文
吳玉春 捐錢壹拾叁千文
王文亮 捐錢壹拾壹千零[illegible]百文
卓佳德 捐錢拾千文

總理 張麟書 魏朝鳳 卯里仁 陳增光
首事 黃代玩 賴明忠 賴紹祖 賴淇水 曾廣義 陳炳安 胡亜西 田福 何火獅 何文炳 黃清和 謝德政

謝德政 捐錢壹拾壹千六百文
胡亜西 捐錢壹拾壹千弍百文
首事庠生黃明亮 捐錢壹拾壹千弍百文
陳炳大 捐錢壹拾壹千文
胡在佃 捐錢壹拾壹千文
賴紹潭 捐錢壹拾肆千文
藍遜代 捐錢壹拾壹千文
黃秀珠 捐錢壹拾壹千文
賴紹傍 捐錢壹拾千零八百文
黃高順 捐錢壹拾千文 加捐錢伍百
葉文和 捐錢壹拾千文
鍾佳全 捐錢玖千四百文
楊陰生 捐錢弍千文

重修福建会馆万古流芳碑记（一）

清·重修福建会馆万古流芳碑记

嵌于荔城镇福建会馆西南墙上。碑共分六通，高均为110厘米，宽从第一至第六通分别为：72厘米、72厘米、66厘米、75厘米、62厘米、66厘米。字为真书，阴刻。刻于清光绪六年（1880年）。

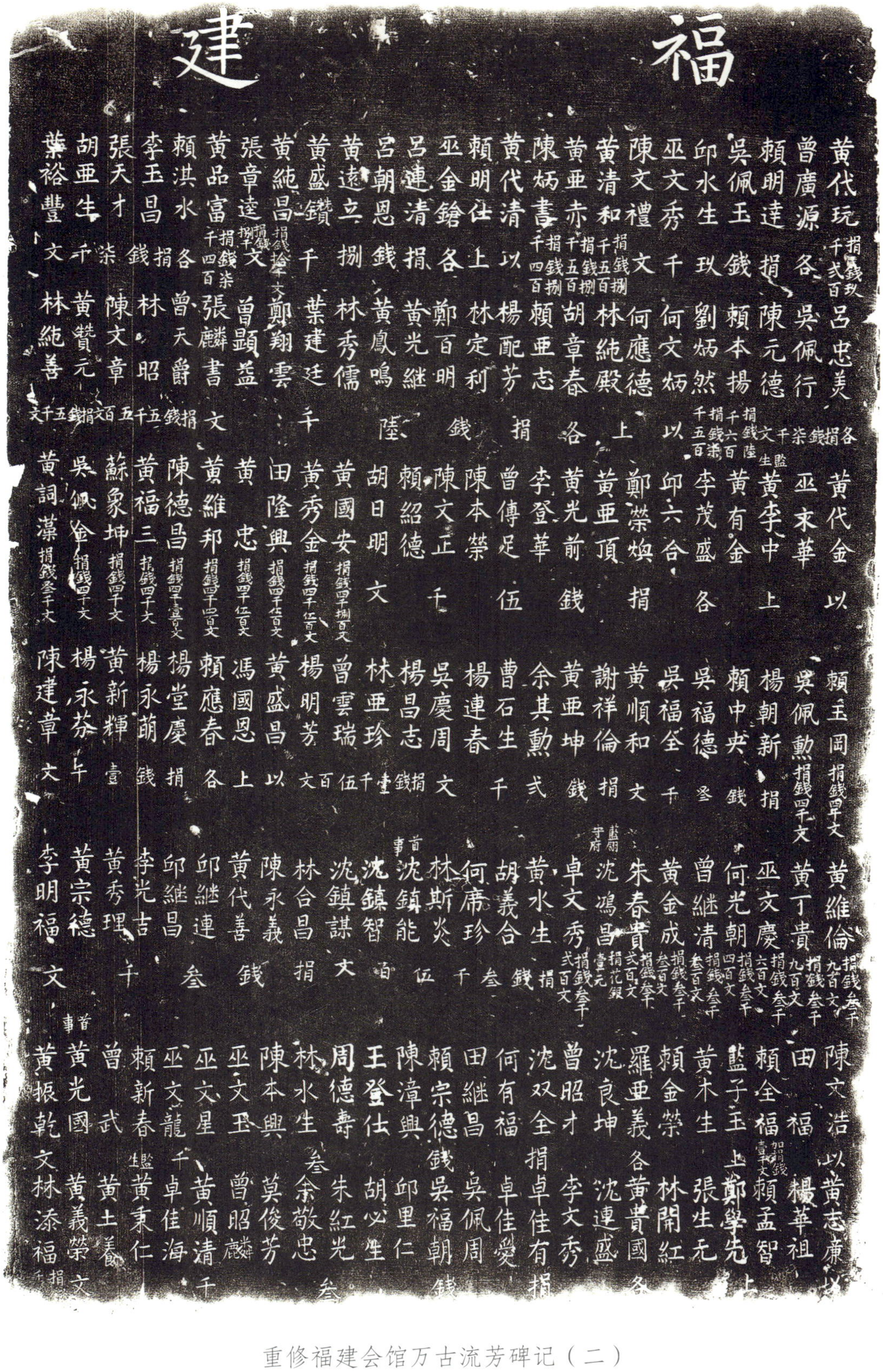

重修福建会馆万古流芳碑记（二）

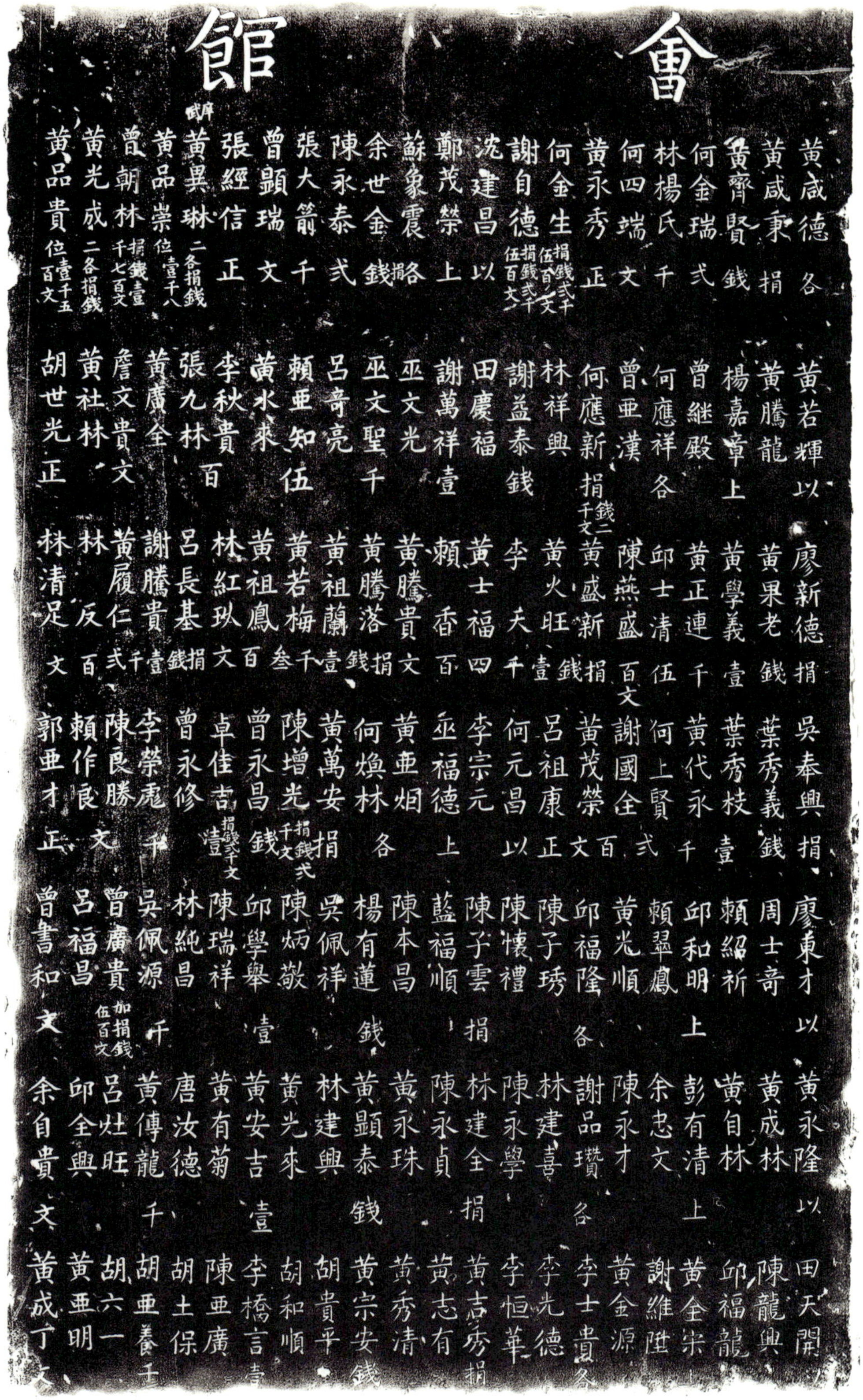

會館

黃咸德 各
黃咸秉 捐
黃齊賢 錢
何金瑞 式
林楊氏 千
何四端 文
黃永秀 正
何金生 捐錢式千伍百文
謝自德 捐錢式千伍百文
沈建昌 以
鄭茂榮 上
蘇象震 各
余世金 捐錢
陳永泰 式
張大箭 千
曾顯瑞 文
張經信 正
職庠 黃異琳 二各捐錢
黃品崇 位壹千八
曾朝林 捐錢壹千七百文
黃光成 二各捐錢
黃品貴 位壹千五百文

黃若輝 以
黃騰龍
楊嘉章 上
曾繼殿
何應祥 各
曾亞漢
何應新 捐錢二千文
林祥興
謝益泰 錢
田慶福
謝萬祥 壹
巫文光
巫文聖 千
呂奇亮
賴亞知 伍
黃水來
李秋貴 百
張九林
黃廣全
詹文貴 文
黃社林
胡世光 正

廖新德 捐
黃果老 錢
黃學義 壹
黃正連 千
邱士清 伍
陳燕盛 百文
黃盛新 捐
黃火旺 錢壹
李天 千
黃士福 四
賴香 百
黃騰貴 文
黃騰落 捐錢
黃祖蘭 壹
黃若梅 千
黃祖鳳 叁百
林紅玖 文
呂長基 捐錢
謝騰貴 壹千
黃履仁 式
林反 百
林清足 文

吳奉興 捐
葉秀義 錢
葉秀枝 壹
黃代永 千
何上賢 式
謝國全 百
黃茂榮 文
呂祖康 正
何元昌 以
李宗元
巫福德 上
黃亞炯
何煥林 各
黃萬安 捐
陳增光 捐錢式千文
曾永昌 錢
卓佳吉 捐錢式千文 壹
曾永修
李榮彪 千
陳良勝 文
賴作良
郭亞才 正

廖東才 以
周士奇
賴紹祈
邱和明 上
賴翠鳳
黃光順
邱福隆 各
陳子琇
陳懷禮
陳子雲 捐
藍福順
陳本昌
楊有蓮 錢
吳佩祥
陳炳敬
邱學舉 壹
陳瑞祥
林純昌
吳佩源 千
曾廣貴 加捐錢伍百文
呂福昌
曾書和 文

黃永隆 以
黃成林
黃自林
彭有清 上
余忠文
陳永才
謝品瓚 各
林建喜
陳永學
林建全 捐
陳永貞
黃永珠
黃顯泰 錢
林建興
黃光來
黃安吉 壹
黃有菊
唐汝德
黃傳龍 千
呂灶旺
邱全興
余自貴 文

田天開
陳龍興
邱福龍
黃全宗
謝維陞
黃金源
李士貴 各
李先德
李恒華
黃吉秀 捐
黃志有
黃秀清
黃宗安 錢
胡貴平
胡和順
李橋言 壹
陳亞廣
胡土保
胡亞養 千
胡六一
黃亞明
黃成丁 文

重修福建会馆万古流芳碑记（三）

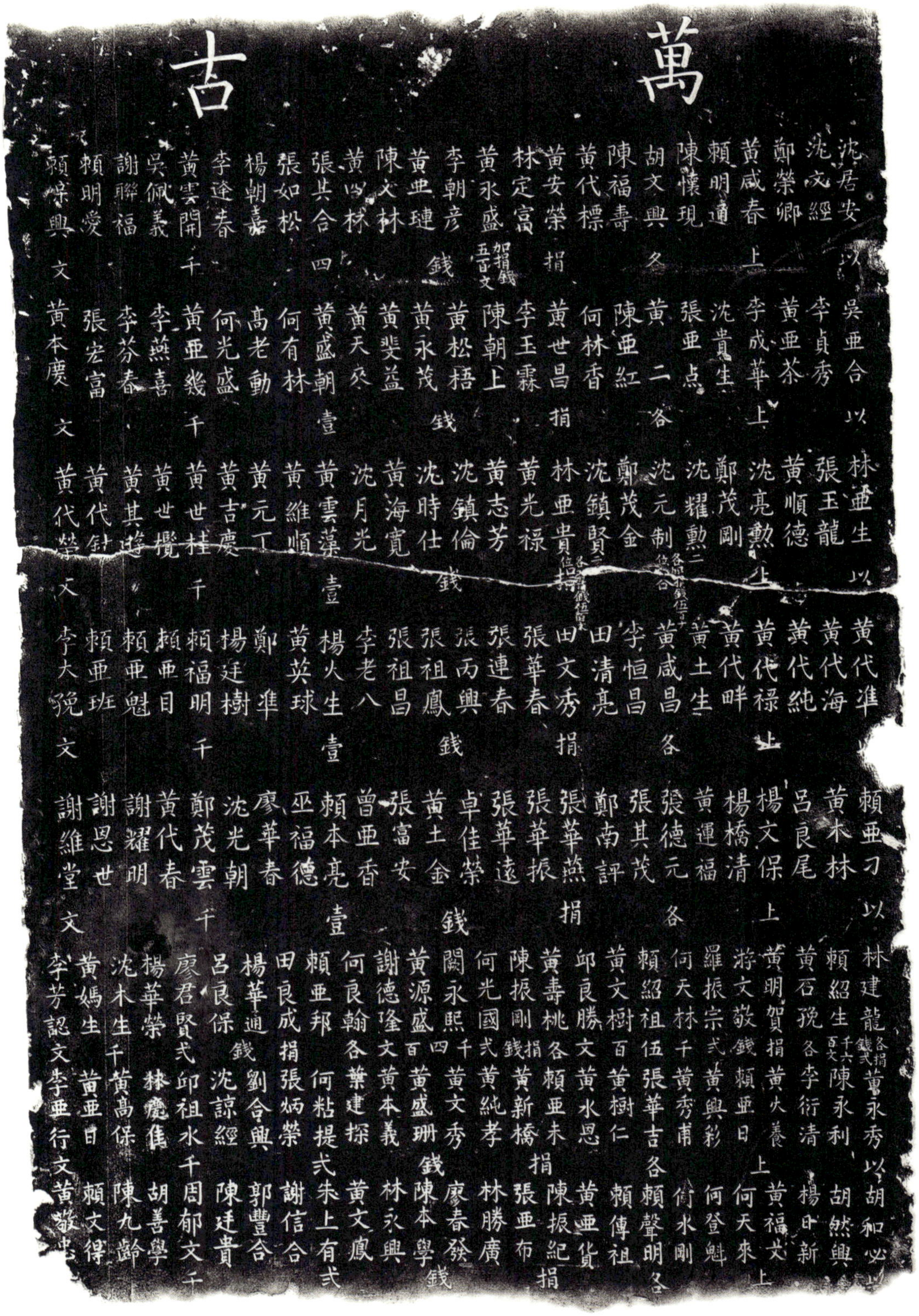

重修福建会馆万古流芳碑记（四）

重修福建会馆万古流芳碑记（五）

碑記

陳世祥捐錢四千文
吳佩儀 胡神保 黃明順 蔡廣順 鍾憲邦 范鍚芳 各捐錢叁千文
蔡廣大捐錢十二千文
福慶堂捐錢柒千文
黃明光捐錢六千文 巫永華捐錢參拾千文

黃光盛 謝連芳 吳佩禮 劉宗常 馬在朝 林□從 沈居裕 楊觀國 以上各捐錢弍千文正

黃振相 黃維章 黃雲光 黃石泰 黃亞秀 林永隆 張章聰 吳佩德 以上各捐錢弍千文正
四排白隕龍角三村衆姓弟子共捐錢弍拾千文
因黃文鳳失簿未知姓名故統言之

李富春 謝文開 合盛店 馬冊書 何福生 馬冊純 蔡新合 各捐錢壹千文正

黃土林 沈元榜 張遇廷 張兆恭 尹富清 賴壽鵜 各捐錢壹千文
黃鳳光捐錢弍千文

楊永盛 賴克昌 黃廷海 張廣盛 張章信 卓佳福 張章維 各捐錢壹千文正

修
黃華昌 戴洪良 鄭從善 闞伸金 賴祖德 賴仁興 黃福禎 洪光義 賴純安 縣賴茂德 以上各捐錢柒百文

何亞兩 曾亞乞 曾顯經 黃日清 黃觀鳳 黃德元 黃泰元 黃福藻 黃社祐 黃其端 林月松 黃開元 賴本色 賴蘇懷 林振元 以上各捐錢伍百文

今將修造天后宮上下座及戲臺圍墻廚廊房壹概進支開列於後
一支磚瓦共錢柒百捌拾弍千文
一支坭水工價共錢陸百叁拾捌千文
一支木工價共錢肆百捌拾陸千文
一支木料共錢陸百捌拾弍千文
一支石門石架石磴共錢捌拾弍千文
一支石灰共錢壹百玖拾四千文
一支金箔共錢壹百弍拾四千文
一支顏料共錢壹百捌拾伍千文
一支油漆工價錢四拾柒千文
一支鉄器共錢壹拾玖千伍百文
一支桐油共錢壹拾玖千弍百文
一支点工食用工錢共伍拾弍千伍百文
一支雜用共錢弍百陸拾壹千文

以上通共捐來錢叁千伍百柒拾捌千文
以上通共支用錢叁千伍百陸拾伍千零弍百文
除實支外下少數錢壹拾叁千四百文

光緒陸年歲次庚辰孟春月吉立

重修福建会馆万古流芳碑记（六）

清·蒋邦柏鹈翎寺敬送香炉题名

香炉今在荔城镇鹈翎寺，题名刻于香炉壁上。香炉壁高 12.5 厘米，宽 33 厘米。字为真书，阴刻。刻于清光绪七年（1881 年）。

清·曹咸熙、李登瀛鹅翎岩祈雨题名

位于荔城镇鹅翎岩，为摩崖石刻。石刻面高46厘米，宽49厘米。字为真书，阴刻。刻于清光绪八年（1882年）。

据民国三年（1914年）《荔浦县志》记载，曹咸熙为浙江嘉兴人，于光绪八年（1882年）任荔浦县代理知县。李登瀛为广东肇庆人，荔浦县典史。

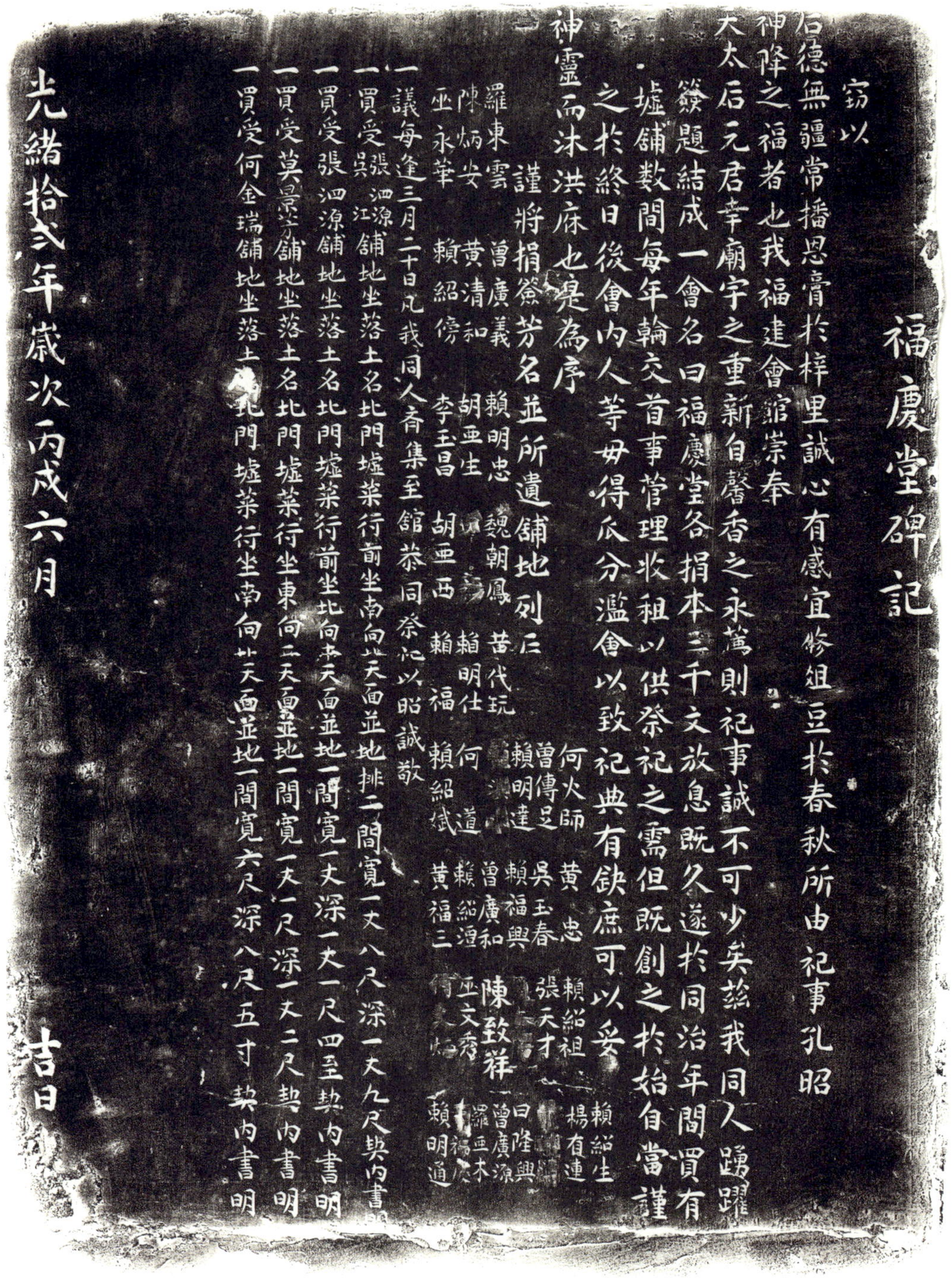

清·福庆堂碑记

位于荔城镇福建会馆前厅。碑高 77 厘米，宽 57 厘米。字为真书，阴刻。刻于清光绪十二年（1886 年）。

新建客厅并修厨房戏台碑记（一）

清·新建客厅并修厨房戏台碑记

嵌于荔城镇福建会馆前厅。碑共三通，高均为 100 厘米，第一至第三通宽分别为 67 厘米、63 厘米、67 厘米，真书，阴刻。刻于清光绪十九年（1893 年）。

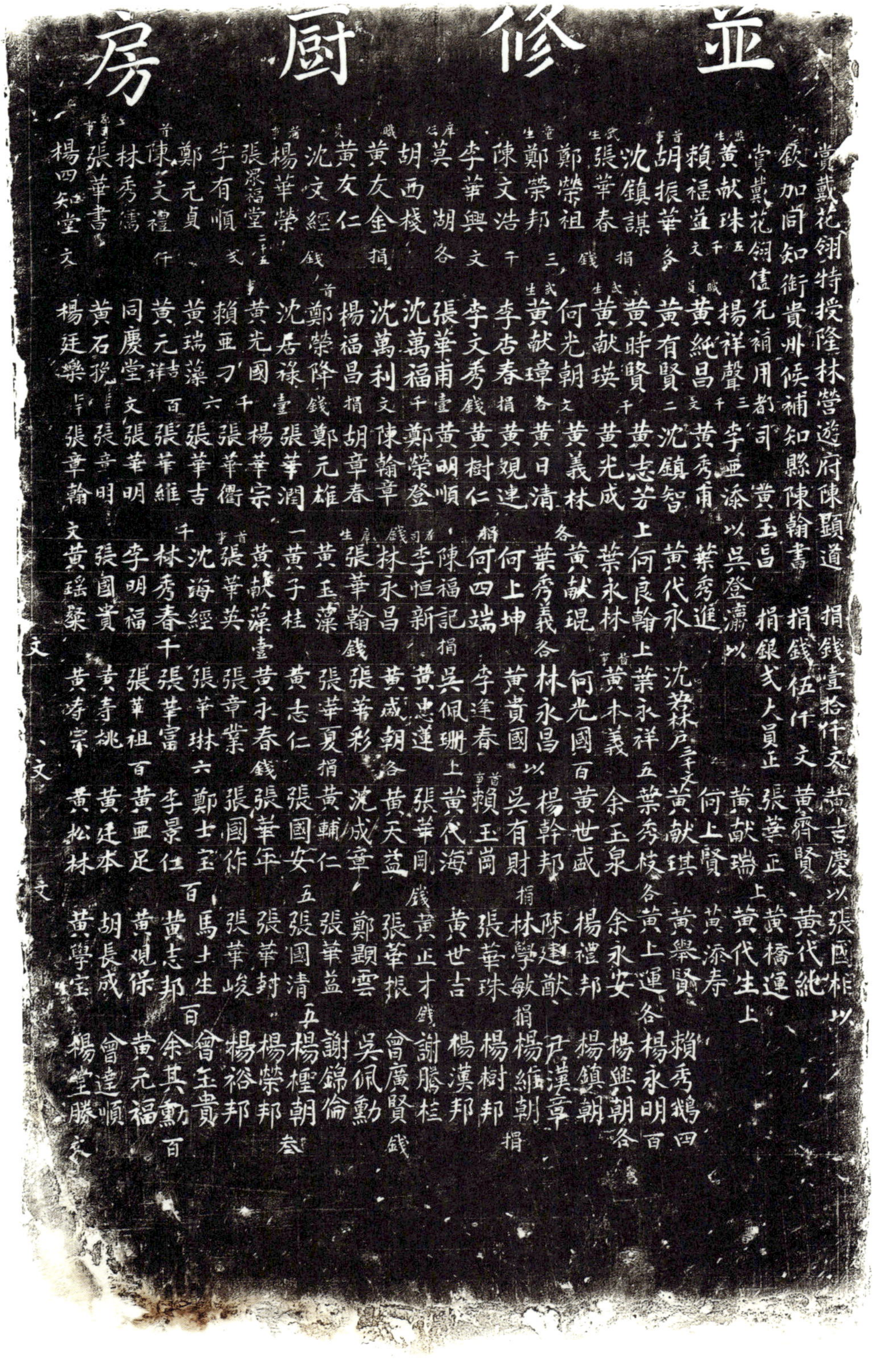

新建客厅并修厨房戏台碑记（二）

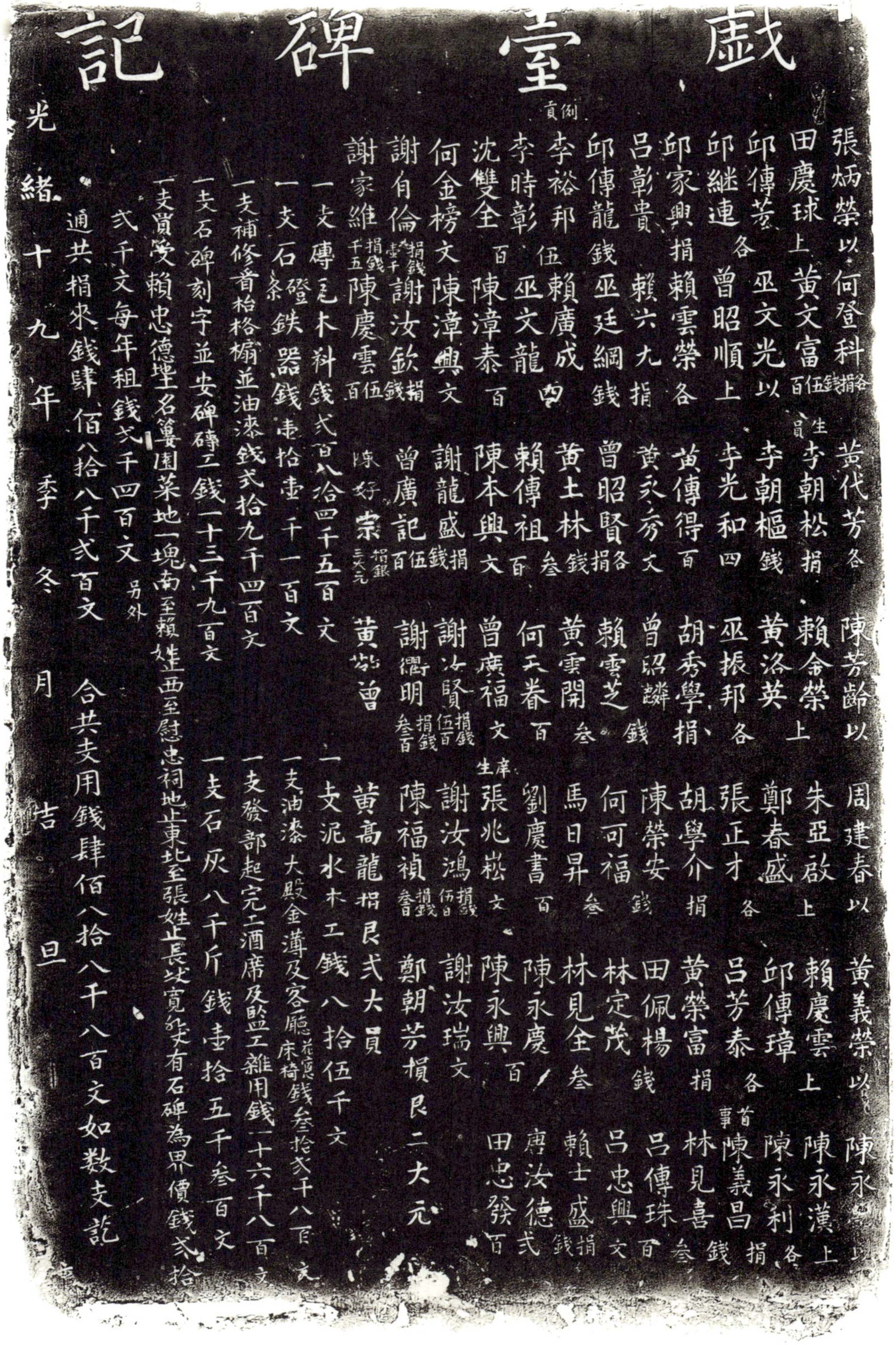

戲臺碑記

張炳榮以 何登科各捐錢伍百
田慶球上 黃文富
邱傳蒸 巫文光以
邱繼連各 曾昭順上
邱家興捐 賴雲榮各
呂彰貴 賴六九捐
邱傳龍錢 巫廷綱錢
李裕邦伍 賴廣成四
李時彰 巫文龍
沈雙全百 陳漳泰百
何金榜文 陳漳興文
謝自倫捐錢壹千 謝汝欽捐錢伍百
謝家維捐錢千五 陳慶雲捐錢伍百

黃代芳各
生員李朝松捐
李朝樞錢
李光和四
黃傳得百
黃永秀文
曾昭賢各
黃土林捐錢叁
賴傳祖百
陳本興文
謝龍盛捐錢伍百
曾廣記
陳好宗捐銀三大元

陳芳齡以
賴金榮上
黃洛英各
巫振邦捐
胡秀學錢
曾昭麟叁
賴雲芝百
黃雲開文
何天眷
曾廣福
謝汝賢捐錢伍百
謝衢明捐錢叁百
黃崧曾

周建春以
朱亞啟上
鄭春盛各
張正才
胡學介捐
陳榮安錢
何可福叁
馬日昇百
劉慶書文
庠生張兆崧
謝汝鴻捐錢伍百
陳福禎捐錢叁百
黃高龍捐艮式大員

黃義榮以
賴慶雲上
邱傳璋各
呂芳泰捐
黃榮富錢
田佩楊
林定茂
林見全叁
陳永慶百
陳永興
謝汝瑞文
鄭朝芳捐艮二大元

陳永□以
陳永漢上各
陳永利捐
首事陳義昌錢
林見喜叁
呂傳珠百
呂忠興文
賴士盛捐錢
唐汝德式
田忠發百

一支磚瓦木料錢式百八拾四千五百文
一支石条磴鉄器錢壹拾壹千一百文
一支補修脊桁格櫥並油漆錢式拾九千四百文
一支石碑刻字並安碑磚工錢一十三千九百文
一支買受賴忠德埋名簍園菜地一塊南至賴姓止西至慰忠祠地止東北至張姓止長丈寬多丈有石碑為界價錢弍拾
弍千文每年租錢弍千四百文 另外
通共捐來錢肆佰八拾八千弍百文

一支泥水木工錢八拾伍千文
一支油漆大殿金薄及客廳床椅花窗錢叁拾弍千八百文
一支發部起完工酒席及監工雜用錢一十六千八百文
一支石灰八千斤錢壹拾五千叁百文
合共支用錢肆佰八拾八千八百文如数支訖

光緒十九年季冬月吉旦

新建客厅并修厨房戏台碑记（三）

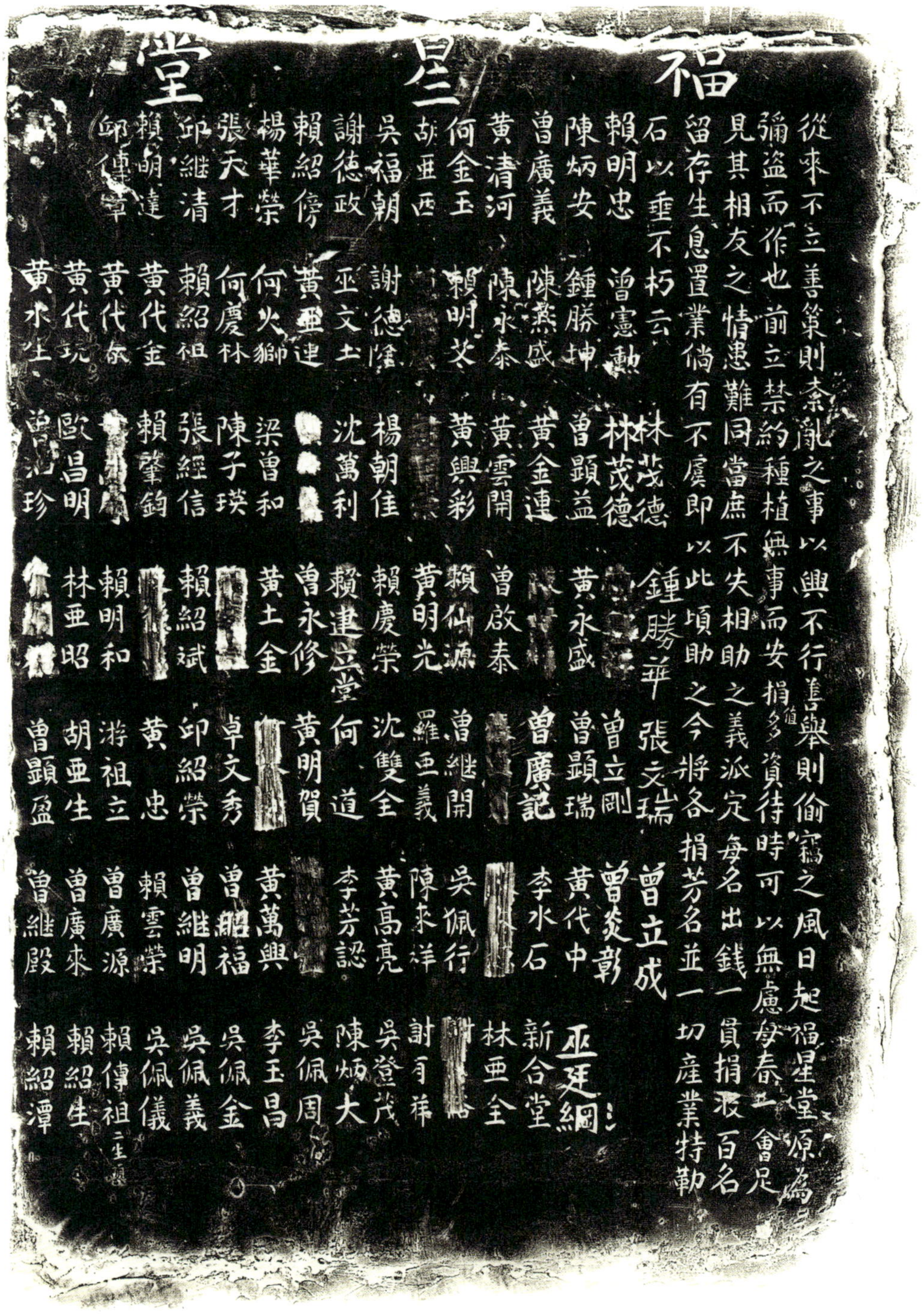

福星堂会碑记（一）

清·福星堂会碑记

嵌于荔城镇福建会馆前厅。碑共二通，高均为 77 厘米，第一通宽 51 厘米，第二通宽 63 厘米。字为真书，阴刻。刻于清光绪二十二年（1896 年）。

會碑記
一買受鄧鴻勳田土名大黄冲雞田一坵四工矮子嶺黄坑坂田
一坵弍工溝邊独工一坵一工共田三坵七工本粮六升價錢一百五十九千
一買受龍朝濟田土名黄寨六谷嶺田一拾三坵十工上面水母塘一口
本粮三升田價錢一百一十千文
買受張兆奎之田土名老龍口下面傍冲洞頂頭埧田一坵八工刘
田面一坵五工本色粮五升田價净錢二百八十六千文
一光緒弍拾九年四月廿日買受曾廣祥之田坐落土名盤龍椅田
一冲到頂並無雜花本粮弍升断價錢壹百捌拾仟文正
一契光緒叁拾年十月初十日買受張祖裕之田坐落徐洞村背土名塘
底田弍坵水路田一坵路底田弍坵坡賴田弍坵共計大小田柒坵八
工半田面水母塘一口三份佔一本粮八升断價錢壹百伍拾千文正
光緒二十二年季春月吉日立

福星堂会碑记（二）

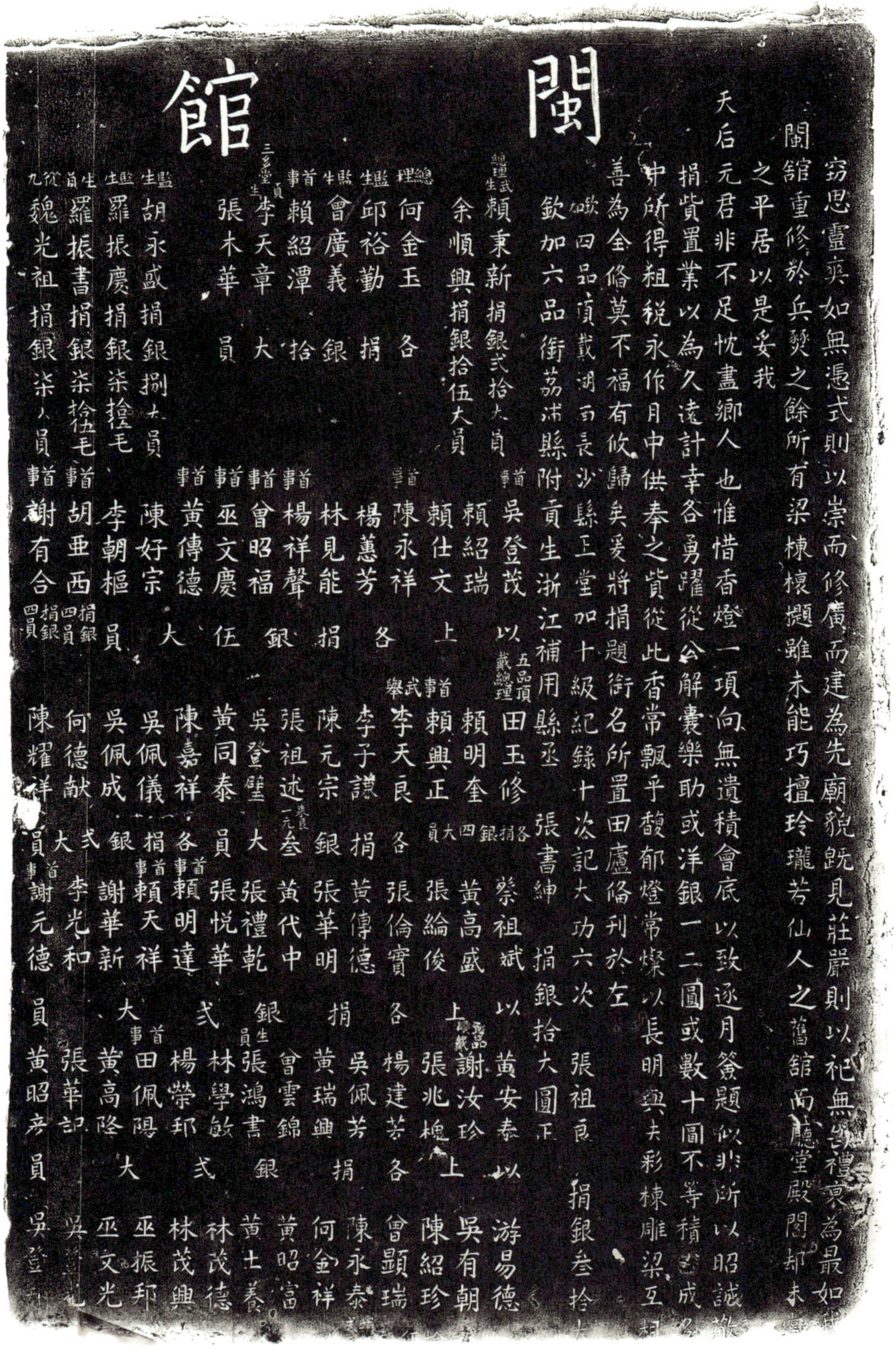

闽馆香灯碑记（一）

清·闽馆香灯碑记

嵌于荔城镇福建会馆东南侧墙上，紧贴地面，部分字迹被地板掩埋。碑共三通，规格均等，高110厘米，宽71.3厘米。字为真书，阴刻。刻于清光绪二十六年（1900年）。

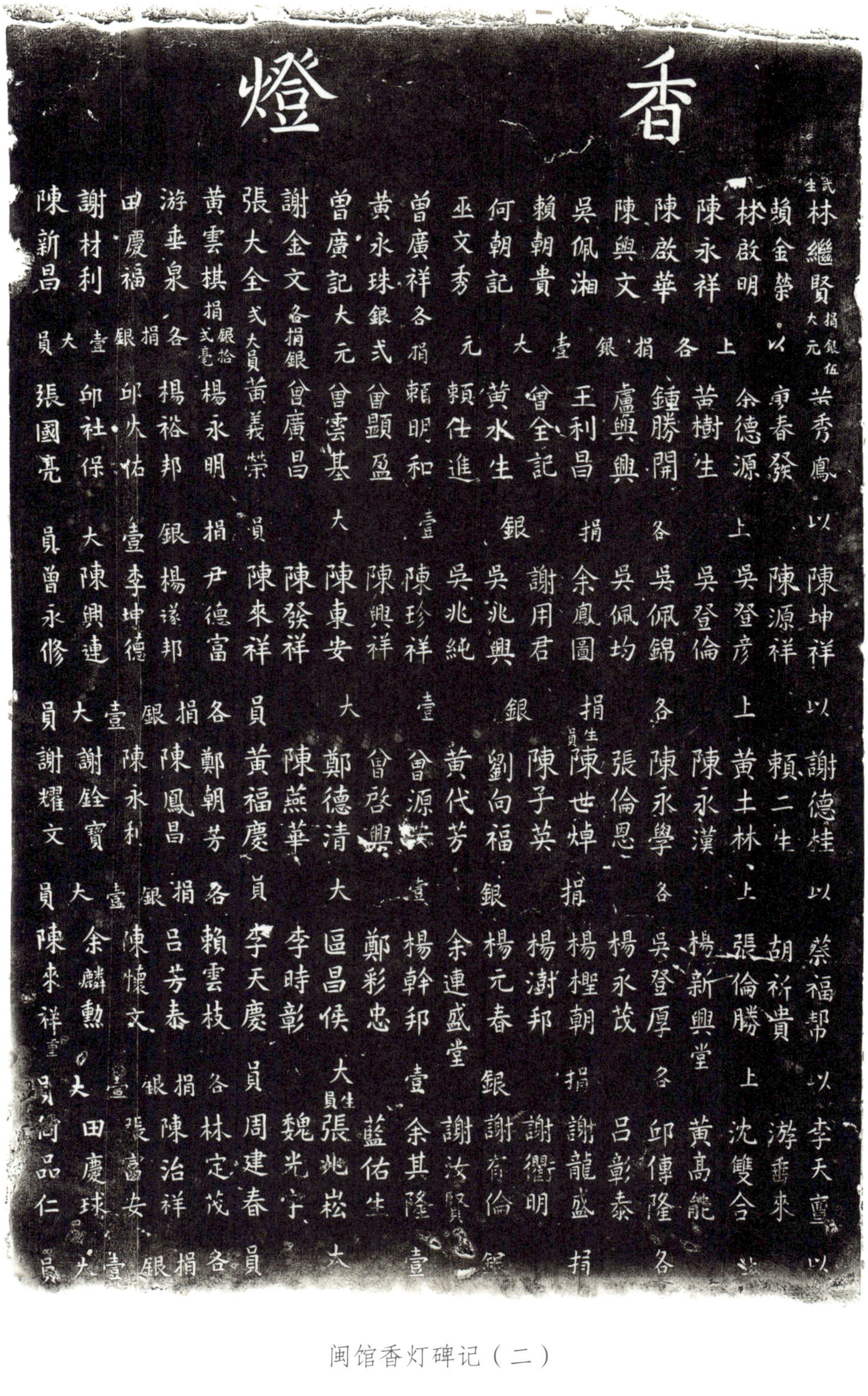

闽馆香灯碑记（二）

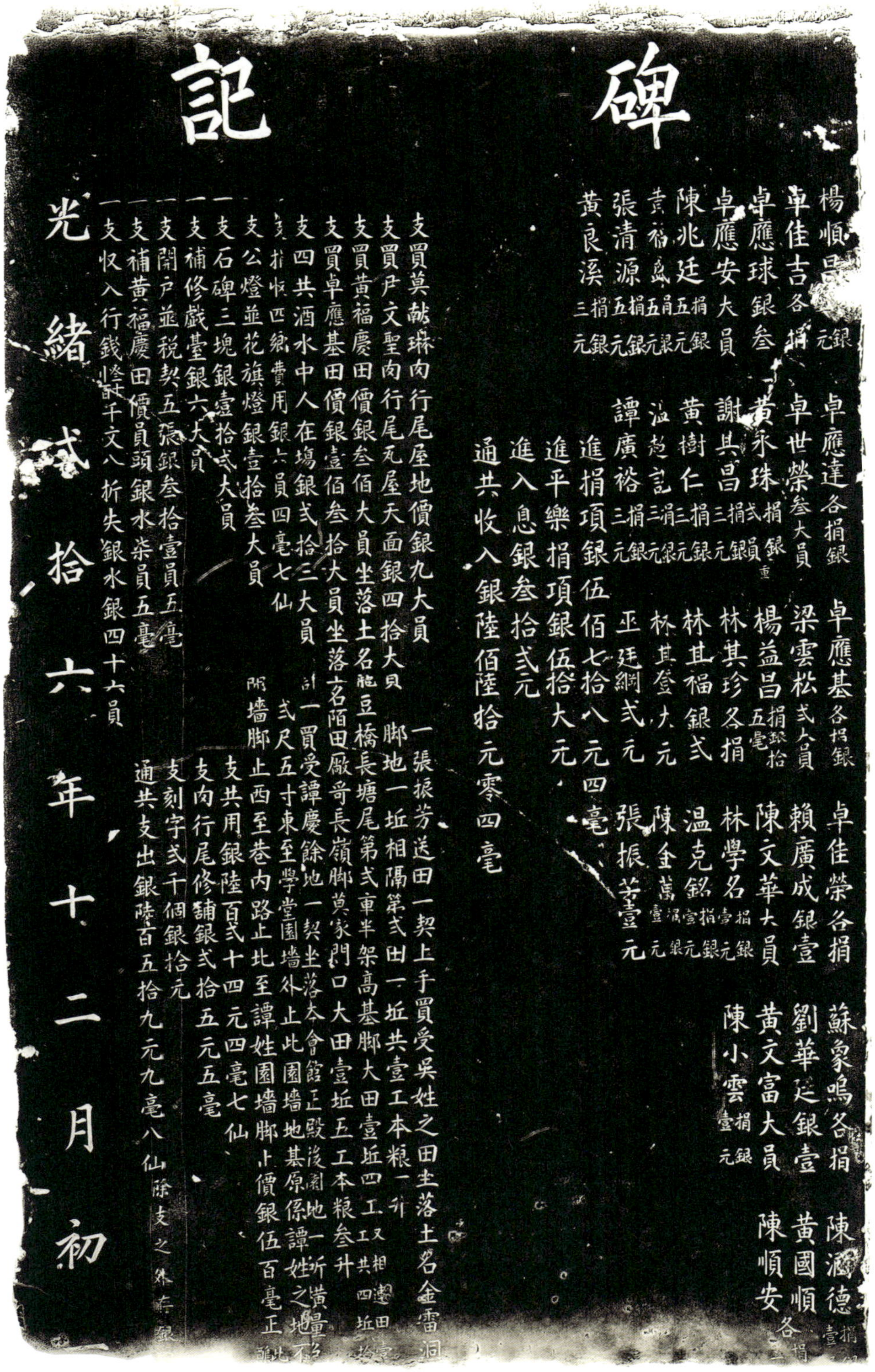
碑記
楊順昌元銀
卓佳吉各捐
卓應球銀叁
卓應安大員
陳兆廷五捐元銀
黃裕泉五員元銀
張清源五捐元銀
黃良溪三捐元銀
卓應達各捐銀
卓世榮叁大員
黃永珠捐銀
謝其昌三捐元銀
黃樹仁三捐元銀
溫起記三捐元銀
譚廣裕三捐元銀
進捐項銀伍佰七拾八元四毫
進平樂捐項銀伍拾大元
進入息銀叁拾式元
通共收入銀陸佰陸拾元零四毫
卓應基各捐銀
梁雲松式大員
楊益昌捐銀拾五毫
林其珍各捐
林其福銀式
林其愛大元
巫廷綱式元
卓佳榮各捐
賴廣成銀壹
陳文華大員
林學名壹捐元銀
溫克銘壹捐元銀
陳金萬壹捐元銀
張振芳壹元
蘇象鳴各捐
劉華廷銀壹
黃文富大員
陳小雲壹捐元銀
陳濬德
黃國順
陳順安
一支買莫献琳內行尾屋地價銀九大員
一支買戶文聖內行尾無屋天面銀四拾大員
一支買黃福慶田價銀叁佰叁拾大員坐落土名龍豆
一支買卓應基田價銀壹佰叁拾大員坐落名陌田
一支四共酒水中人在場銀式拾三大員
一支拆收四總費用銀六員四毫七仙
一支公燈並花旗燈銀壹拾叁大員
一支石碑三塊銀壹拾式大員
一支補修戲臺銀六大員
一支開戶並稅契五張銀叁拾壹員五毫
一支補黃福慶田價員頭銀水柒員五毫
一支收入行錢叁千文八折失銀水銀四十六員
一張振芳送田一契上手買受吳姓之田坐落土名金雷洞
脚地一坵相隔第式田一坵共壹工本粮一升
橋長塘尾第式車半架高基脚大田壹坵四工又相連田
廠哥長嶺脚黃家門口大田壹坵五工本粮叁升
附一買受譚慶餘地一契坐落本會館正殿後園地一所
式尺五寸東至學堂園墻外止北此園墻地基原係譚姓之地
附墻脚上西至巷內路止北至譚姓園墻脚上價銀伍百毫正
支共用銀陸百式十四元四毫七仙
支內行尾修鋪銀式拾五元五毫
支刻字式千個銀拾元
通共支出銀陸百五拾九元九毫八仙除支之外存銀
光緒式拾六年十二月初

闽馆香灯碑记（三）

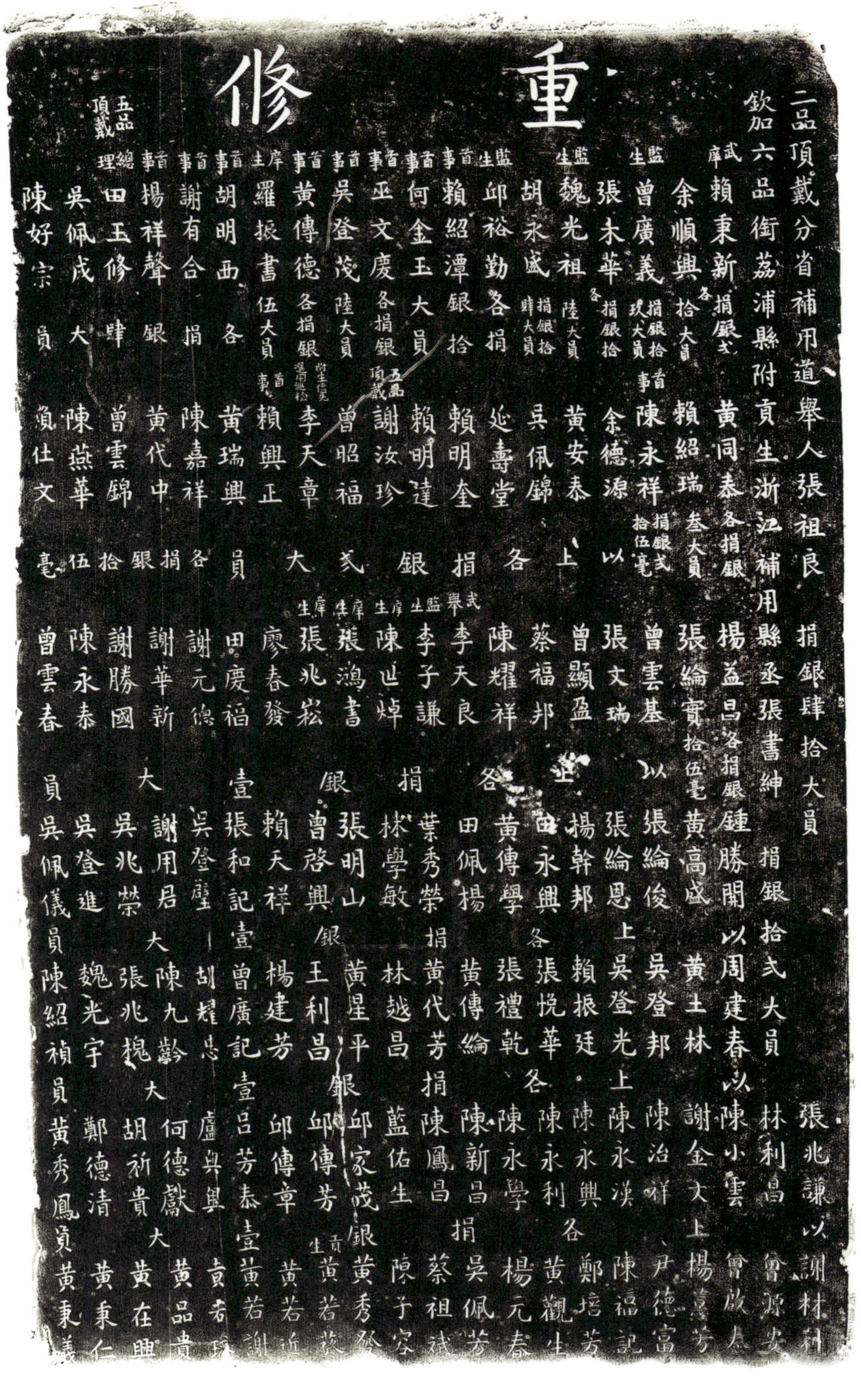

重修戏台碑记（一）

清·重修戏台碑记

嵌于荔城镇福建会馆东南侧墙上，紧贴地面，部分字迹被地板掩埋。碑共三通，高均为110厘米，第一至第三通宽分别为：67厘米、68厘米、69.5厘米。字为真书，阴刻。刻于清光绪三十年（1904年）。

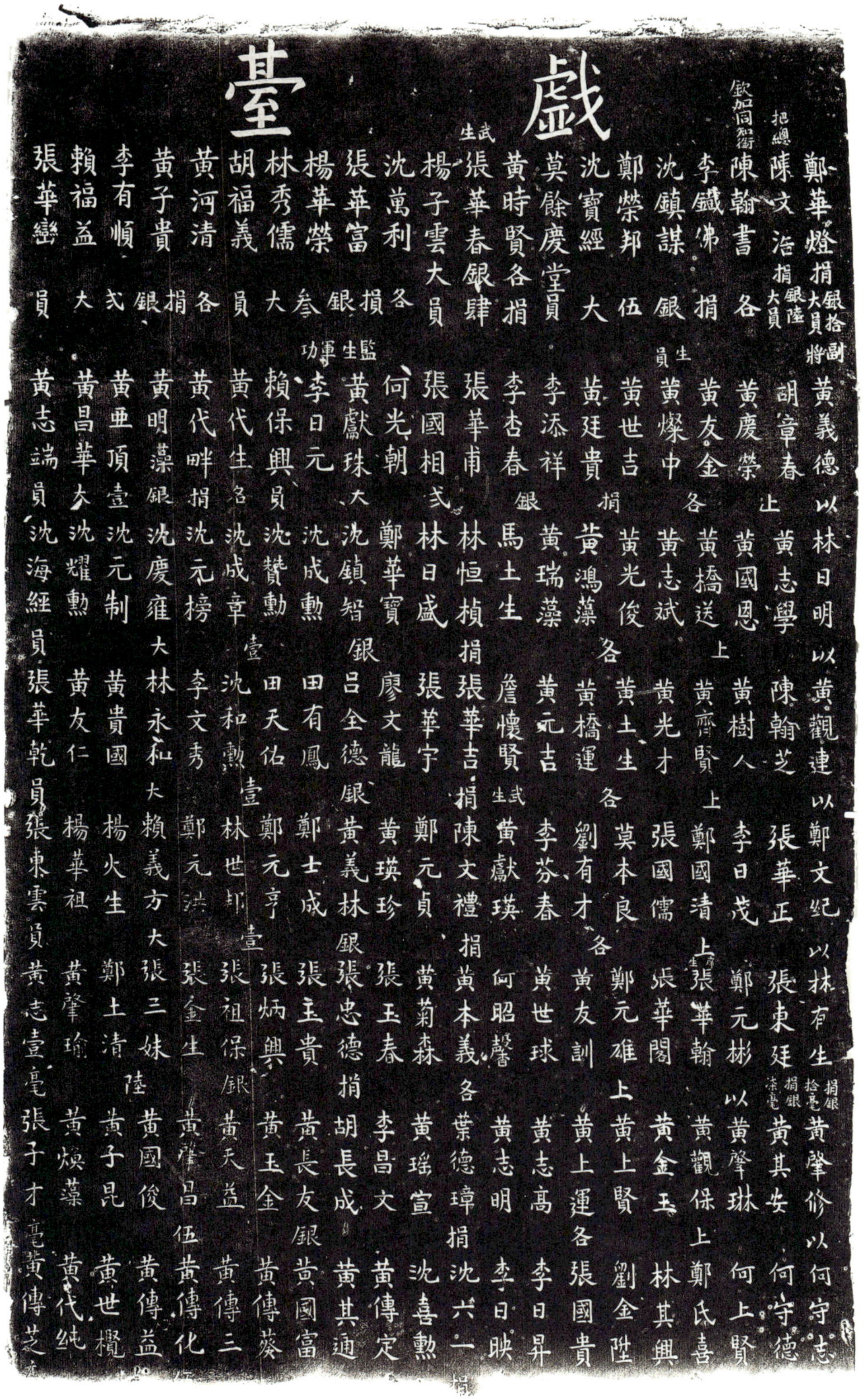

戲臺

鄭華燈捐銀拾大員
把總陳文治捐銀陸大員
欽加同知銜陳翰書 李鐵佛 沈鎮謀 鄭榮邦 沈寶經 莫餘慶堂 各捐銀伍大員
黃時賢 武生張華春 揚子雲 各捐銀肆大員
沈萬利 張華富 楊華榮 林秀儒 胡福義 各捐銀叁大員
黃河清 黃子貴 李有順 賴福益 張華巒 各捐銀弍大員

副將黃義德 胡章春 黃慶榮 黃友全 生員黃燦中 黃世吉 黃廷貴 李添祥 李杏春 張華甫 張國相 何光朝 監生黃獻珠 事功李日元 賴保興 以上各捐銀弍大員
黃代生 黃代畔 黃明藻 黃亜頂 黃昌華 黃志端 各捐銀壹大員

林日明 黃志學 黃國恩 黃橋送 黃志斌 黃光俊 黃鴻藻 黃瑞藻 馬土生 林恒楨 林日盛 鄭華寶 沈鎮智 沈成勳 沈贊勳 沈成章 沈元榜 沈慶雍 沈元制 沈耀勳 沈海經 以上各捐銀壹大員

黃觀連 陳翰芝 黃樹人 黃齊賢 黃光才 黃土生 黃橋運 黃元吉 詹懷賢 張華吉 張華宇 廖文龍 呂全德 田有鳳 田天佑 沈和勳 李文秀 林永和 黃貴國 黃友仁 張華乾 以上各捐銀壹大員

鄭文紀 張華正 李日茂 鄭國清 張國儒 莫本良 劉有才 李芬春 武生黃獻瑛 陳文禮 鄭元貞 黃瑛珍 黃義林 鄭士成 鄭元亨 林世邦 鄭元洪 賴義方 楊火生 楊華祖 張東雲 以上各捐銀壹大員

林有生捐銀拾毫 張東廷捐銀柒毫
鄭元彬 庠生張華翰 張華閣 鄭元雄 黃友訓 黃世球 何昭馨 黃本義 黃菊森 張玉春 張忠德 張主貴 張炳興 張祖保 張金生 張三妹 鄭土清 黃肇瑜 黃志壹 以上各捐銀陸毫

黃肇修 黃其安 黃肇琳 黃觀保 黃金玉 黃上賢 黃上運 黃志高 黃志明 葉德璋 黃瑤宣 李昌文 胡長成 黃長友 黃玉全 黃天益 黃肇昌 黃國俊 黃子昆 黃煥藻 張子才 以上各捐銀伍毫

何守志 何守德 何上賢 鄭氏喜 林其興 劉金陞 張國貴 李日昇 李日映 沈六一 沈喜勳 黃傳定 黃其通 黃國富 黃傳葵 黃傳三 黃傳化 黃傳益 黃世攬 黃代純 黃傳芝

捐

重修戏台碑记（二）

碑記

黃順清捐銀叁元 黃雲禎各捐 黃仲賢以 黃木□以 謝銓寶以 巫明德以 何水剛以 陳漳泰以 □
黃東鎰各捐 陳永發銀 黃敬賢上 張華岑上 謝耀文上 何順安上 曾全記上 余鳳圖上 張□
余焜齡銀弍大 陳永慶壹大 黃志定 張華岱 巫文秀 陳順安 巫振邦 黃二□
黃秀清大 余蓮盛元 黃志瑛各 張國發各 陳本興各 曾廣飛各 巫廷剛各 黃高能各 陳□
李毓秀元 林純昌各 鄭元興 張國豐捐 巫文玉捐 曾昭順捐 賴富連捐 何金祥捐 陳□
田蘭佑各捐 林其貞捐 賴慶生 張國靖捐 賴明和 何志剛 陳福貞 黃文明 吳□
張富安銀壹大 林其福銀 賴朝貴銀 張國湘銀 賴朝春銀 陳興德銀 田隆興銀 陳興廉銀 陳□
張順發大元 林其均壹 賴雲枝伍 張華封伍 賴響曉伍 陳啟華伍 張永志伍 黃國順伍 謝□
張積善堂捐銀四元 林其志大 黃左林 鄭士端 黃義榮 陳茂修 林茂德 黃樹生 曾□
陳漳興壹元 林其亮圓 林雲發毫壹仟 黃永安毫 賴仕進毫 沈雙全毫 林茂興毫 黃水生毫 蘇□

一支各項木料錢捌拾伍千柒百叁拾文
一支磚瓦錢叁拾伍千壹百肆拾文
一支石灰陸千柒百弍拾斤錢壹拾柒千壹百弍拾文
一支桐油壹百弍拾玖斤錢壹拾弍千伍百叁拾文
一支古板金肆千伍百張錢肆拾千零柒百文
一支銀硃陸拾包錢捌千肆百文
一支石磴四個碑叁塊鉛炭錢叁拾叁千文
一支木匠捌百零叁工亭錢壹百肆拾肆千伍百四拾文
一支泥水壹千零玖拾捌工錢壹百玖拾柒千六百四拾文
一支匠人起工封包牙至酒食錢弍拾肆千捌百文
一支顏料紙張土紅鐵釘雜貨錢肆拾陸千四百弍拾伍文
一支請客加捐馬扁發簿酒食錢弍拾壹千叁百陸拾文
一支鐵鑊鐵條鐵線黃青蔴錢柒千捌百玖拾文
大清光緒叁拾年吉月吉日立

一支買布篷壹張並修整看台並完粮錢壹拾□
一支數部紙筋料血方鏡油筆棉相紙錢叁千玖□
一支水缸水桶禾稿牙灰陽羅布竹子錢肆千□
一支別錢人工生漆回鄉捐簽代金錢壹拾□
一支光緒弍拾柒年吉祥班送戲壹本給戲經□
一支茶葉日茶棕索洋鐵罐又石碑一塊錢玖千□
一支綠滴水花頭擠另同字瓦細共錢捌千伍□
一支鑽字並鑒碑工錢肆千伍百陸拾文
一支督工七個月火食錢肆拾弍千文
合共入捐款錢陸百玖拾捌千叁百文
由熊金填來錢捌拾千文又由香燈會填來錢□
通共支出各款錢柒百捌拾肆千叁百文

重修戏台碑记（三）

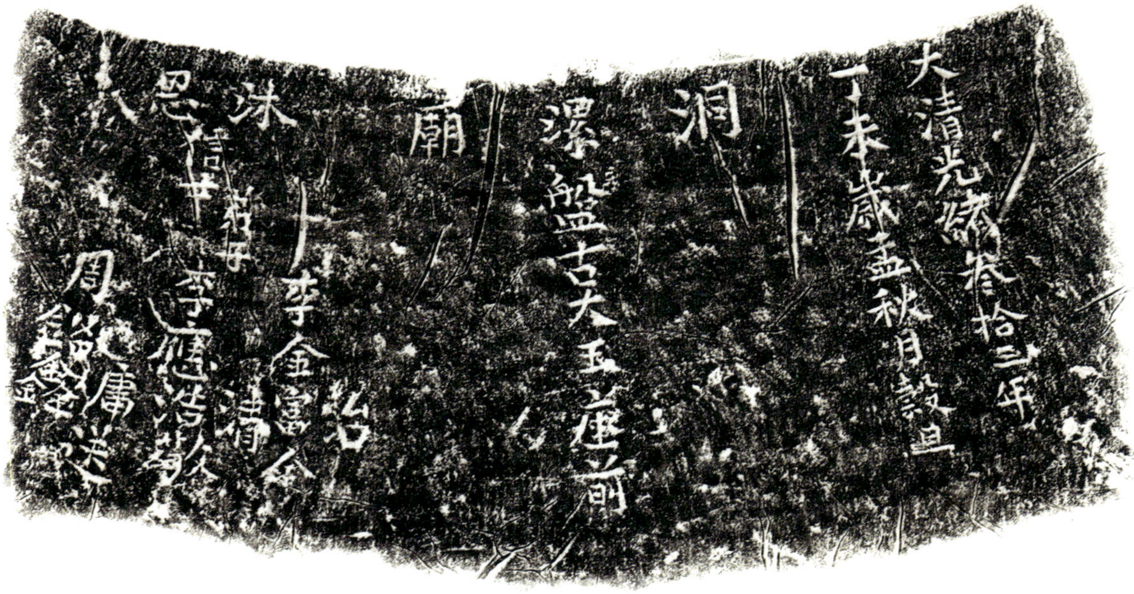

清·李金治等洞漯庙捐香炉题名

香炉藏于荔浦市文物管理所。文字刻于香炉壁上，香炉壁高 22 厘米，宽 41 厘米。字为真书，阴刻。刻于清光绪三十三年（1907 年）。何振存捐赠。

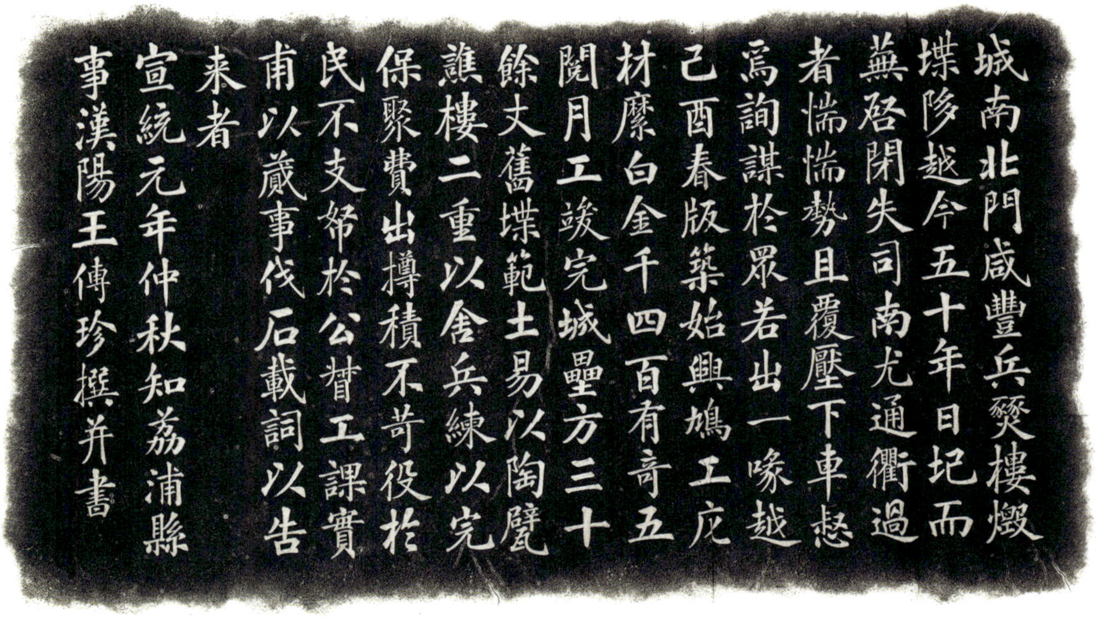
城南北門咸豐兵燹樓燬
堞隳越今五十年日圮而
蕪啓閉失司南尤通衢過
者惴惴勢且覆壓下車慼
爲詢謀於衆若出一喙越
己酉春版築始興鳩工庀
材縻白金千四百有奇五
閱月工竣完城壘方三十
餘丈舊堞範土易以陶甓
譙樓二重以舍兵練以完
保聚費出撙積不苛役於
民不支帑於公督工課實
甫以蕆事伐石載詞以告
來者
宣統元年仲秋知荔浦縣
事漢陽王傳珍撰并書

清·重修迎薰门、承恩门碑记

嵌于荔城镇迎薰门门洞内壁。碑高 55 厘米，宽 107 厘米。字为真书，阴刻。刻于清宣统元年（1909 年）。迎薰门、承恩门分别是明清两代荔浦县城的南、北城门。明景泰七年（1456 年），知县伍绘迁城，用砖石砌新城墙，城墙上建连廊，城门有二，南曰“迎薰”，北称“承恩”。自建迁后盖造城楼、角楼、串楼共八间。因屡遭兵灾火焚，历经多次修复。清光绪三十三年（1907 年），荔浦知县王传珍重修迎薰门和承恩门。

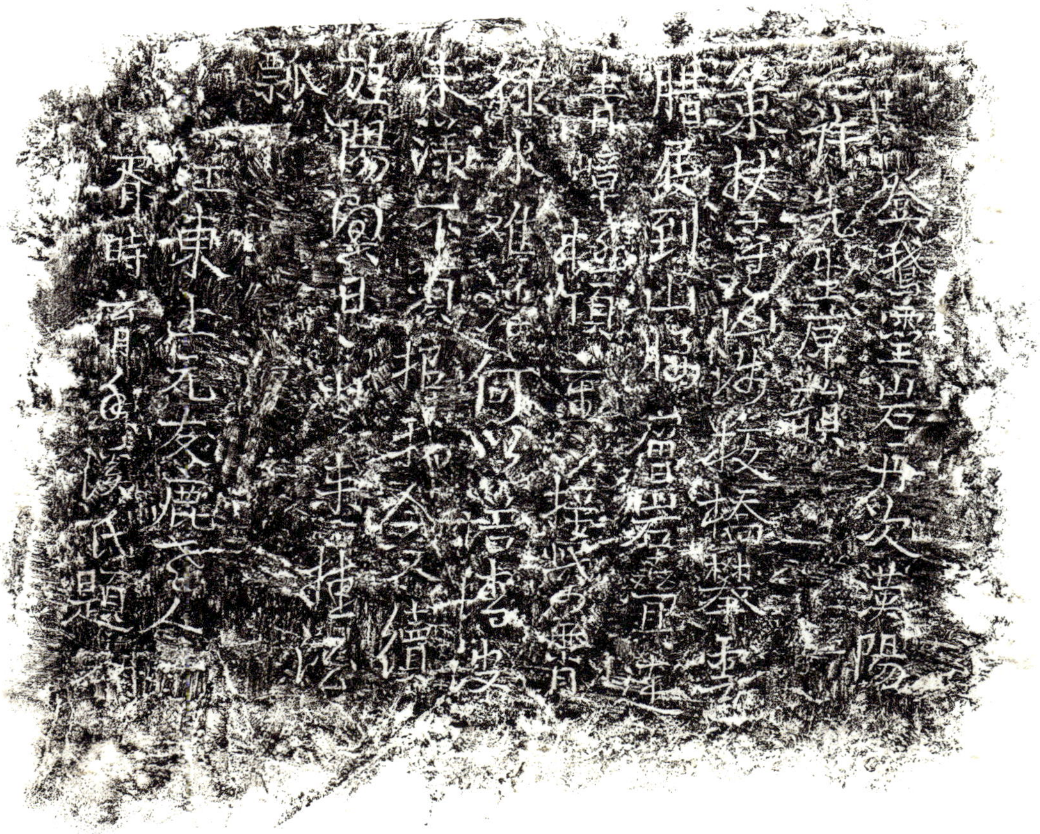

清·胥时育登鹅翎岩题诗

位于荔城镇鹅翎岩，为摩崖石刻。石刻面高35厘米，宽46厘米。字为行书，阴刻。胥时育题诗和许之豫，推测胥时育与许之豫为同时人。许之豫于康熙四十六年（1707年）任荔浦知县，据此推测此石刻刻于康熙年间，具体时间不详。

重修关帝庙捐资记事碑（一）

清·重修关帝庙捐资记事碑

碑原立于城南关帝庙内，关帝庙倒塌后，移置荔城镇中山公园内。共遗存有九通，其中两通断裂残缺。每通规格稍有差异，第一通高136厘米，宽64.5厘米，厚10厘米。字为真书，阴刻。据碑文可知，光绪三十一年（1905年）荔浦知县包坤中集资重修关帝庙，工期为“乙巳夏至丙午冬”，丙午即清光绪三十二年（1906年），推测碑刻于是年。第一块碑记事，其余均为各地捐资人名。

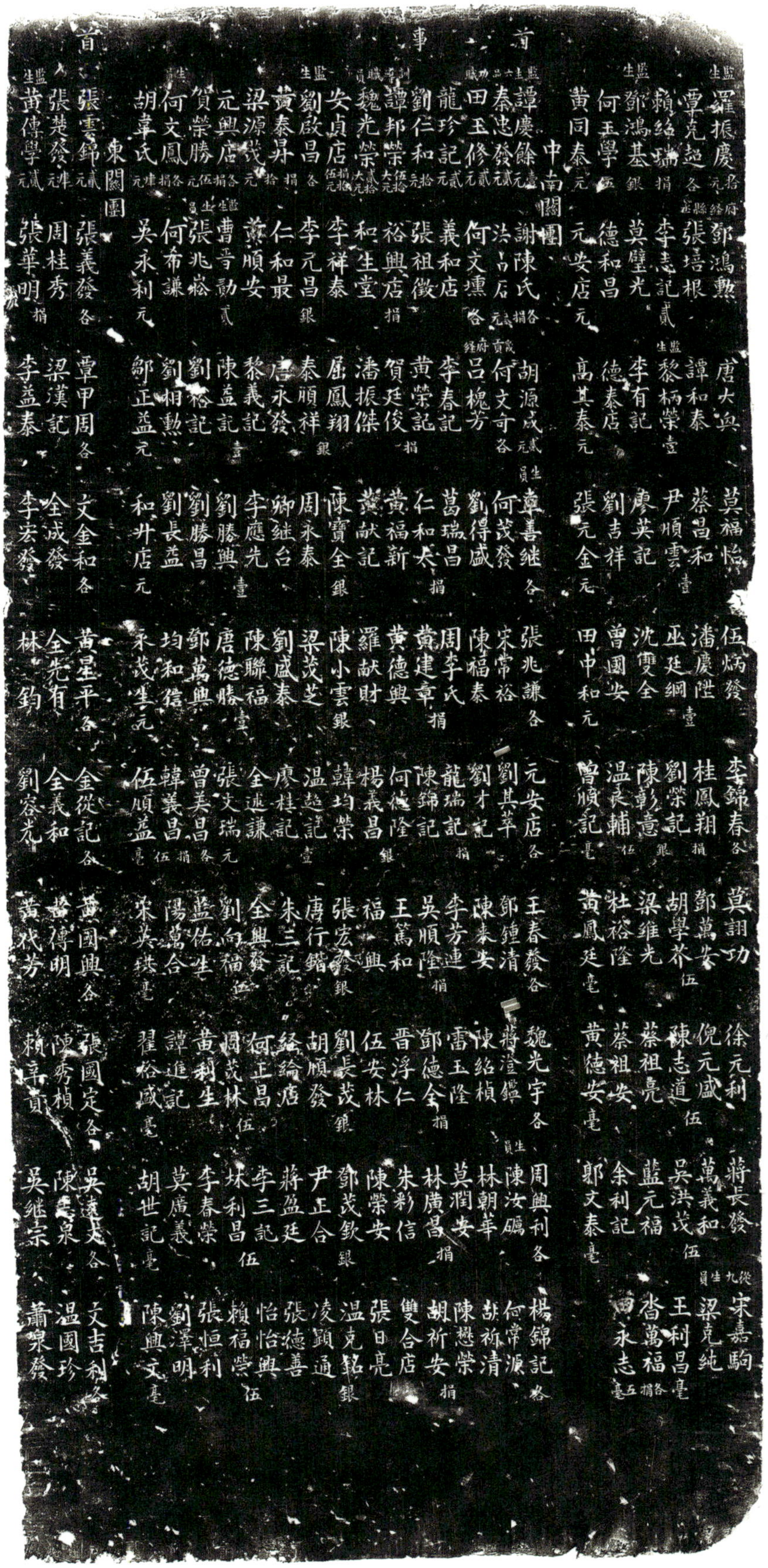

重修关帝庙捐资记事碑（二），高 135 厘米，宽 65 厘米，厚 11 厘米

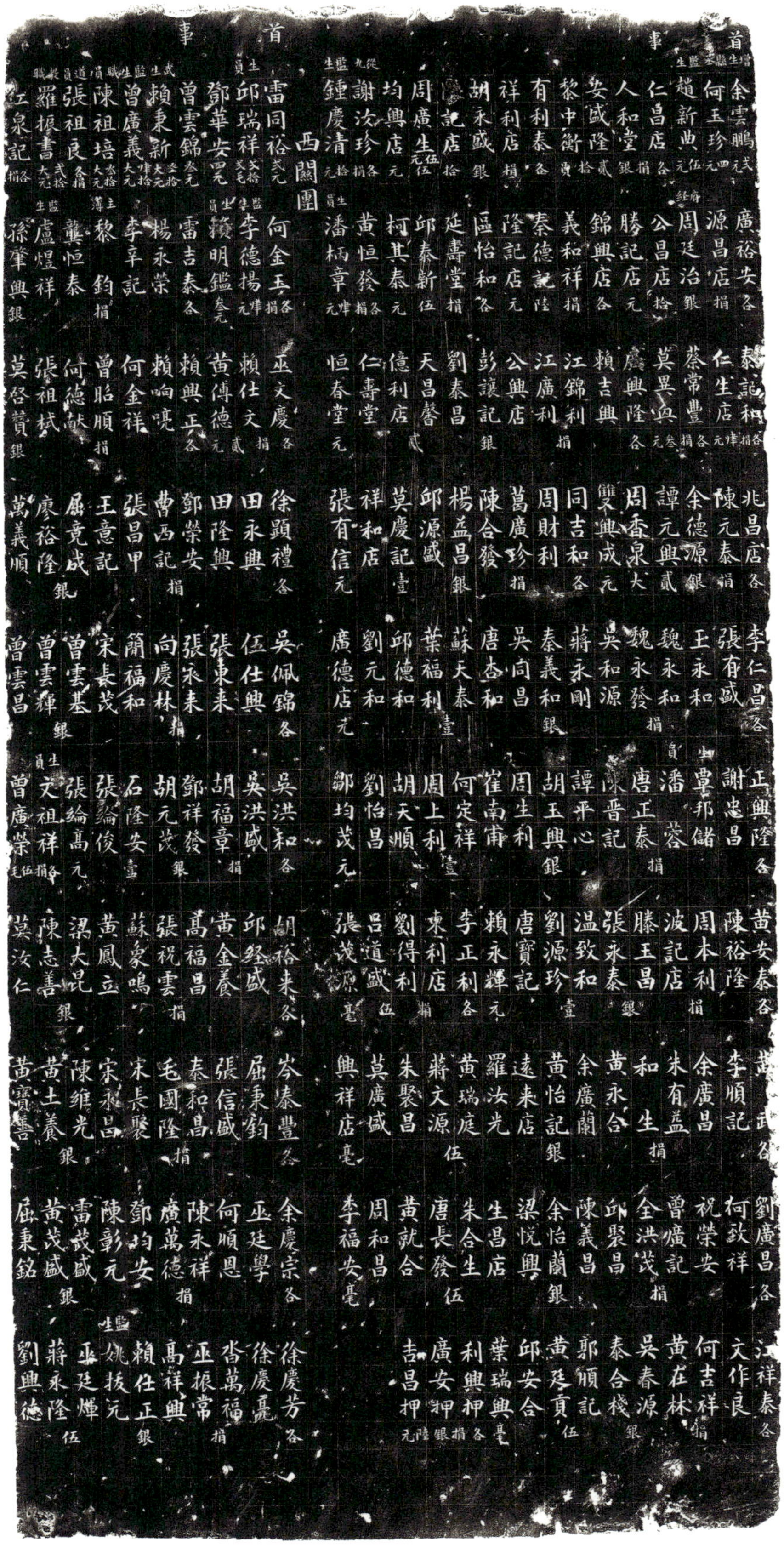

重修关帝庙捐资记事碑（三），高 135 厘米，宽 67 厘米，厚 11 厘米

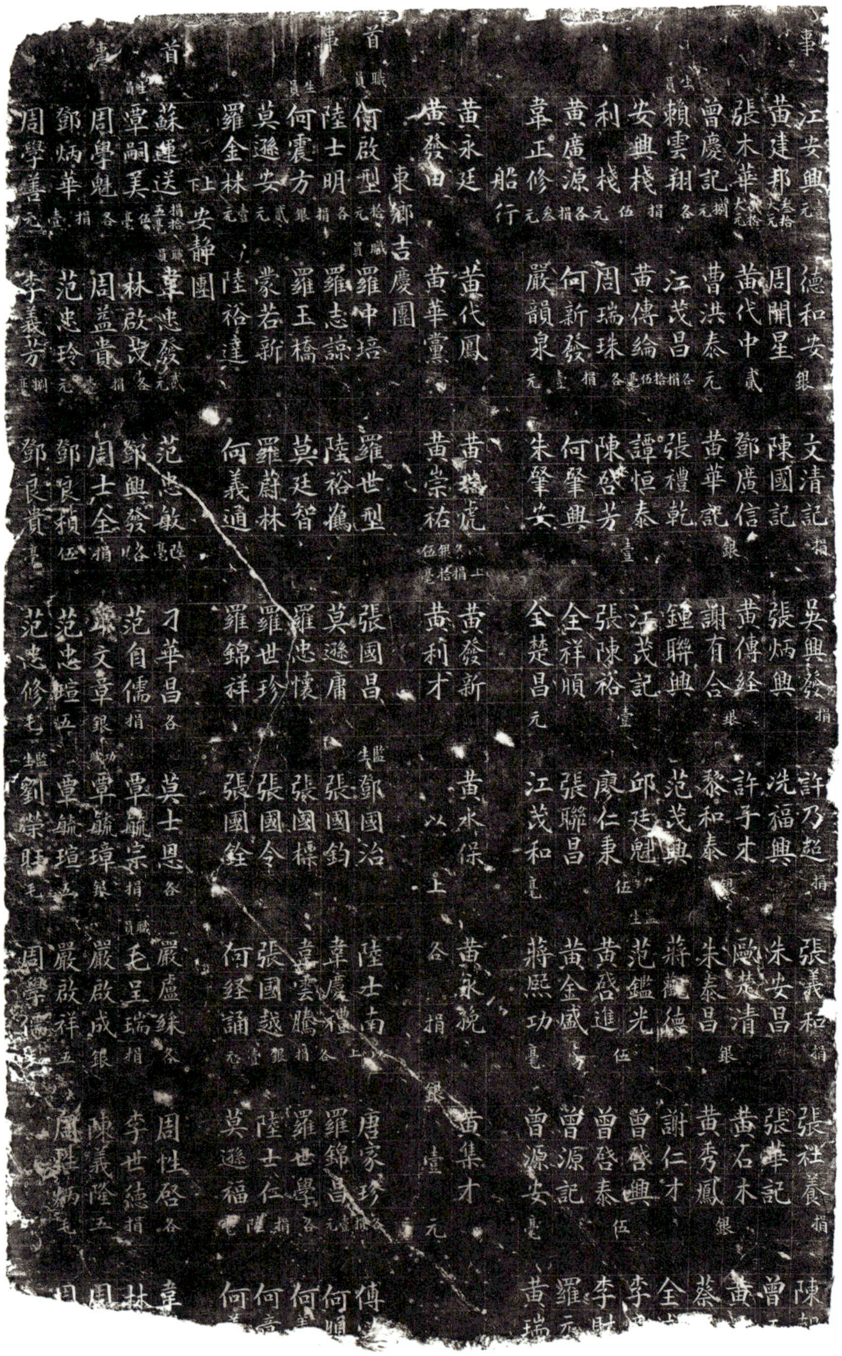

重修关帝庙捐资记事碑（四），高103厘米，宽65厘米，厚9厘米

重修关帝庙捐资记事碑（五），高 82 厘米，宽 64 厘米，厚 10 厘米

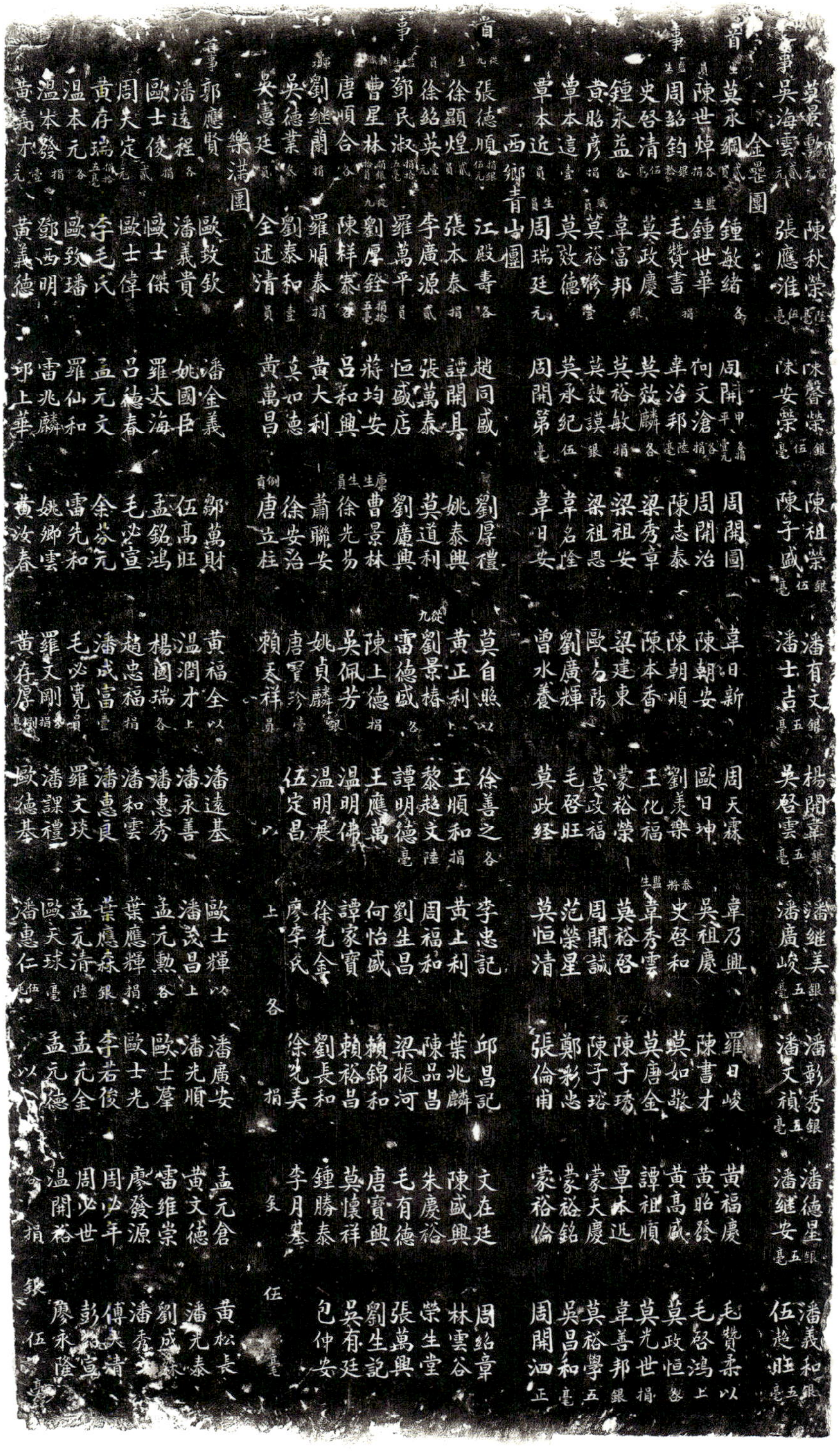

重修关帝庙捐资记事碑（六），高136厘米，宽76厘米，厚8厘米

重修关帝庙捐资记事碑（七），高 136 厘米，宽 64 厘米，厚 10 厘米

重修关帝庙捐资记事碑（八），高 135 厘米，宽 64 厘米，厚 11 厘米

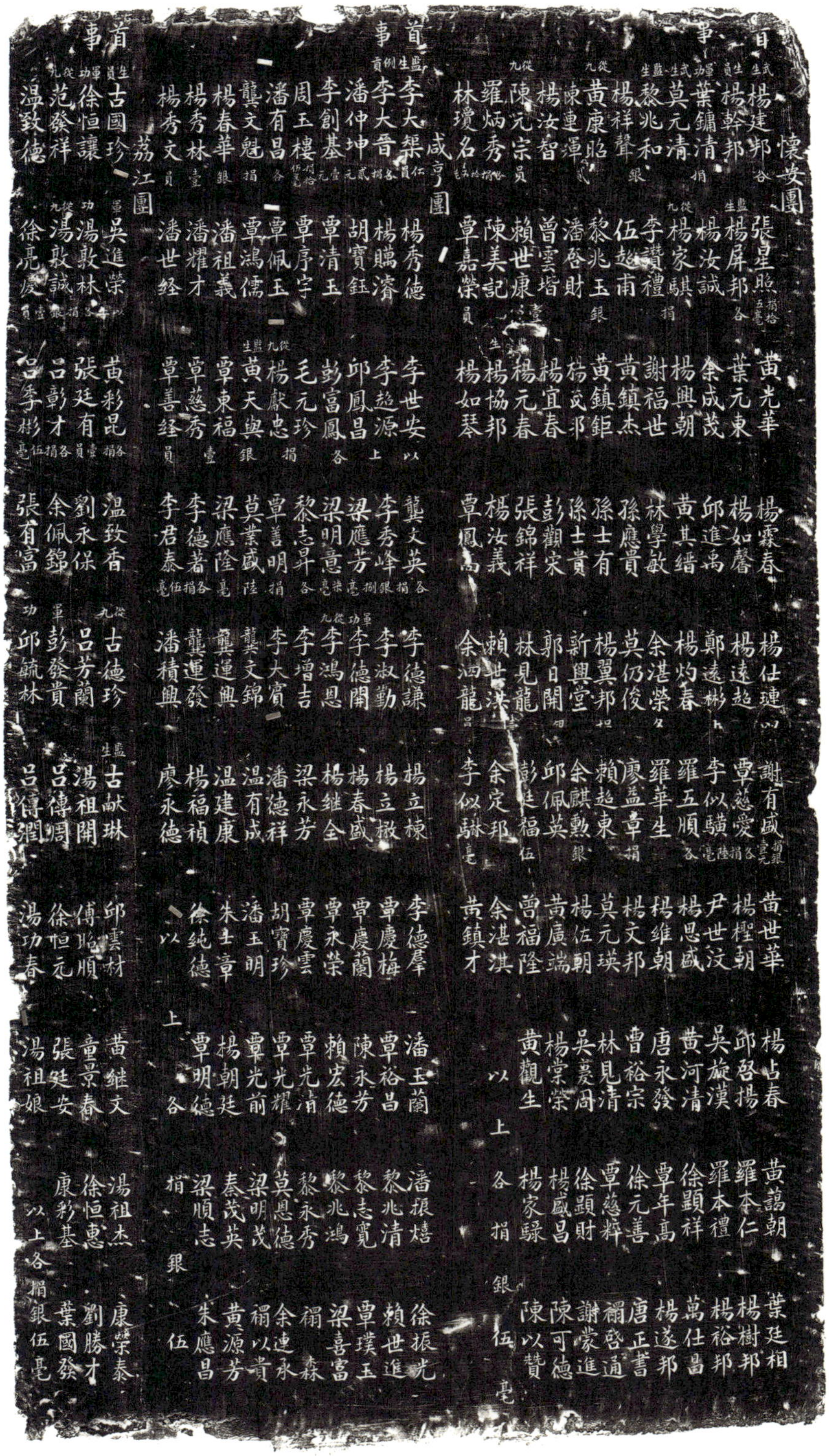

重修关帝庙捐资记事碑（九），高 135 厘米，宽 76 厘米，厚 8 厘米

清·迎薰门匾额

嵌于荔城镇迎薰门门楼上。匾额高 70 厘米，宽 137 厘米。字为真书，阴刻。外框有“缠枝花卉纹”“一路（鹭）连（莲）升”“双凤朝阳”“福（蝠）禄（鹿）双寿”等传统吉祥图案装饰。迎薰门是明代荔浦县城的南大门，清光绪三十三年（1907 年），知县王传珍重修南北二城门，于清宣统元年（1909 年）勒石造记，推测匾额刻于是年。

清·承恩门匾额

置于荔城镇迎薰门门楼上，为20世纪90年代荔浦旧城改造时开挖文曲巷的承恩门遗址所得。共二通，城门前后各镶嵌一通，其中一通右上角已损坏。规格均等，高75厘米，宽128厘米。字为真书，阴刻。承恩门与迎薰门同为明景泰七年（1456年）所建，清光绪三十三年（1907年）王传珍重修此二门，于清宣统元年（1909年）勒石造记，推测匾额刻于是年。

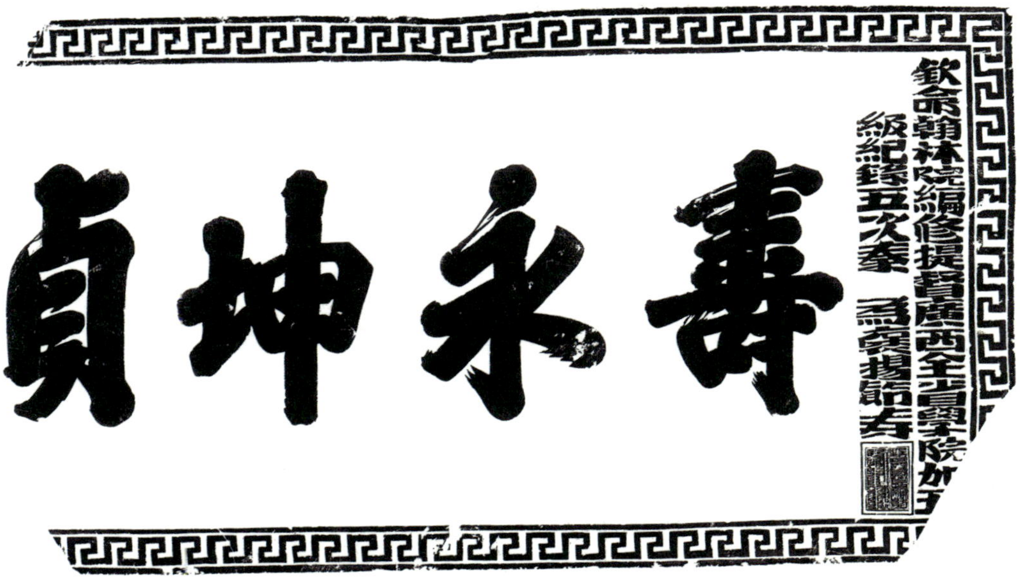

清·“寿永坤貞”匾额

藏于荔浦市文物管理所。匾额高64厘米，宽108厘米。字为真书，阳刻。匾额左边已缺损，右边题字中的“加五级，纪录五次”，是清代议叙制度中评议等级次第的做法，由此推测此匾额刻于清代，具体时间不详。

民国 · 福建会馆□□堂碑记

嵌于荔城镇福建会馆东南侧墙上，紧贴地面，部分字迹被地板掩埋。碑高 112 厘米，宽 69 厘米。字为真书，阴刻。刻于民国七年（1918 年），部分字迹受人为破坏。

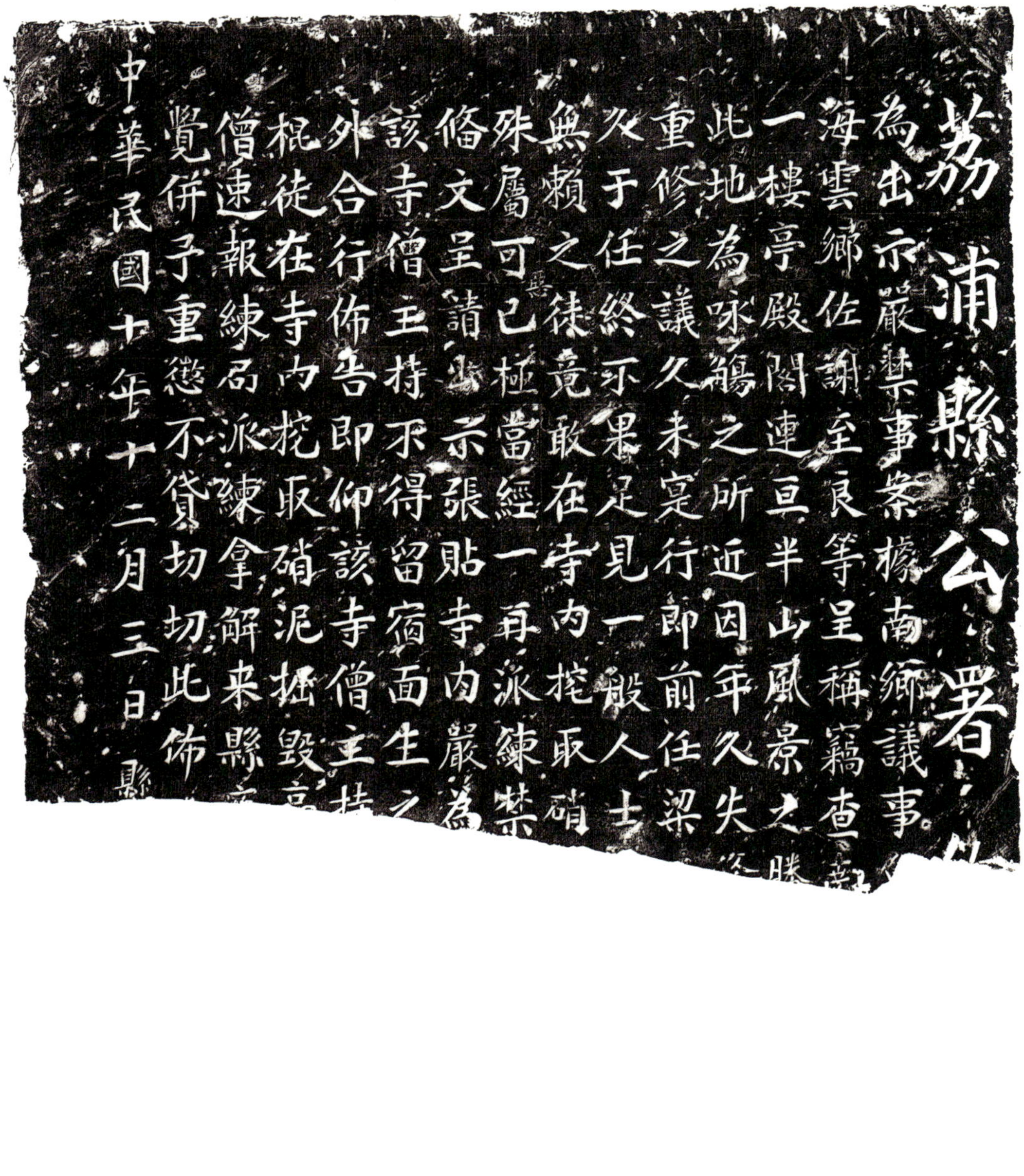

民国·荔浦县公署碑记

位于荔城镇鹅翎寺，该碑残损严重，下半部分已缺失。现存部分高42厘米，宽47厘米。字为真书，阴刻。刻于民国十年（1921年）。

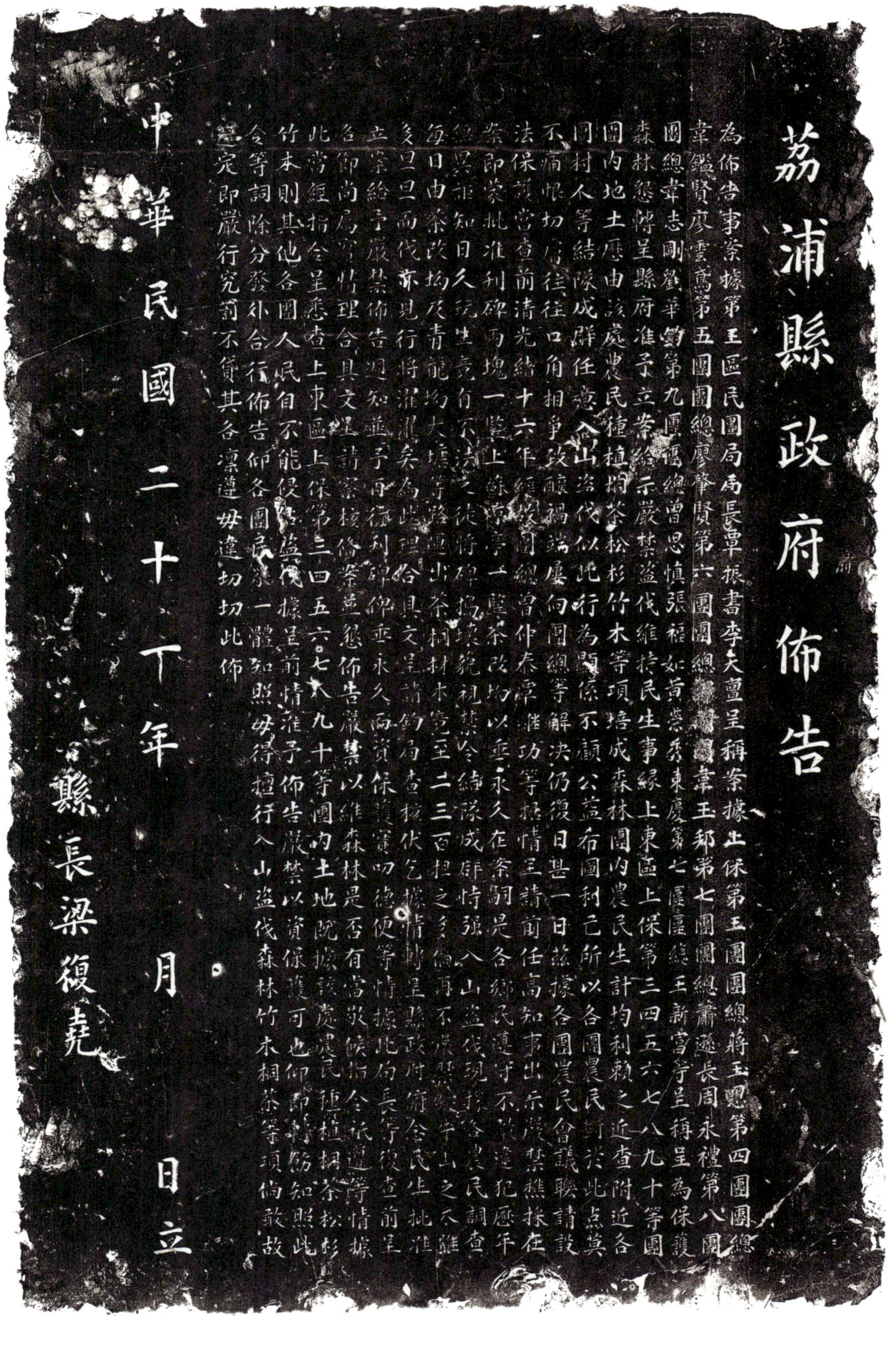

民国 · 荔浦县政府布告碑

现藏于荔浦市文物管理所。碑高 123 厘米，宽 82 厘米。字为真书，阴刻。刻于民国二十一年（1932 年）。

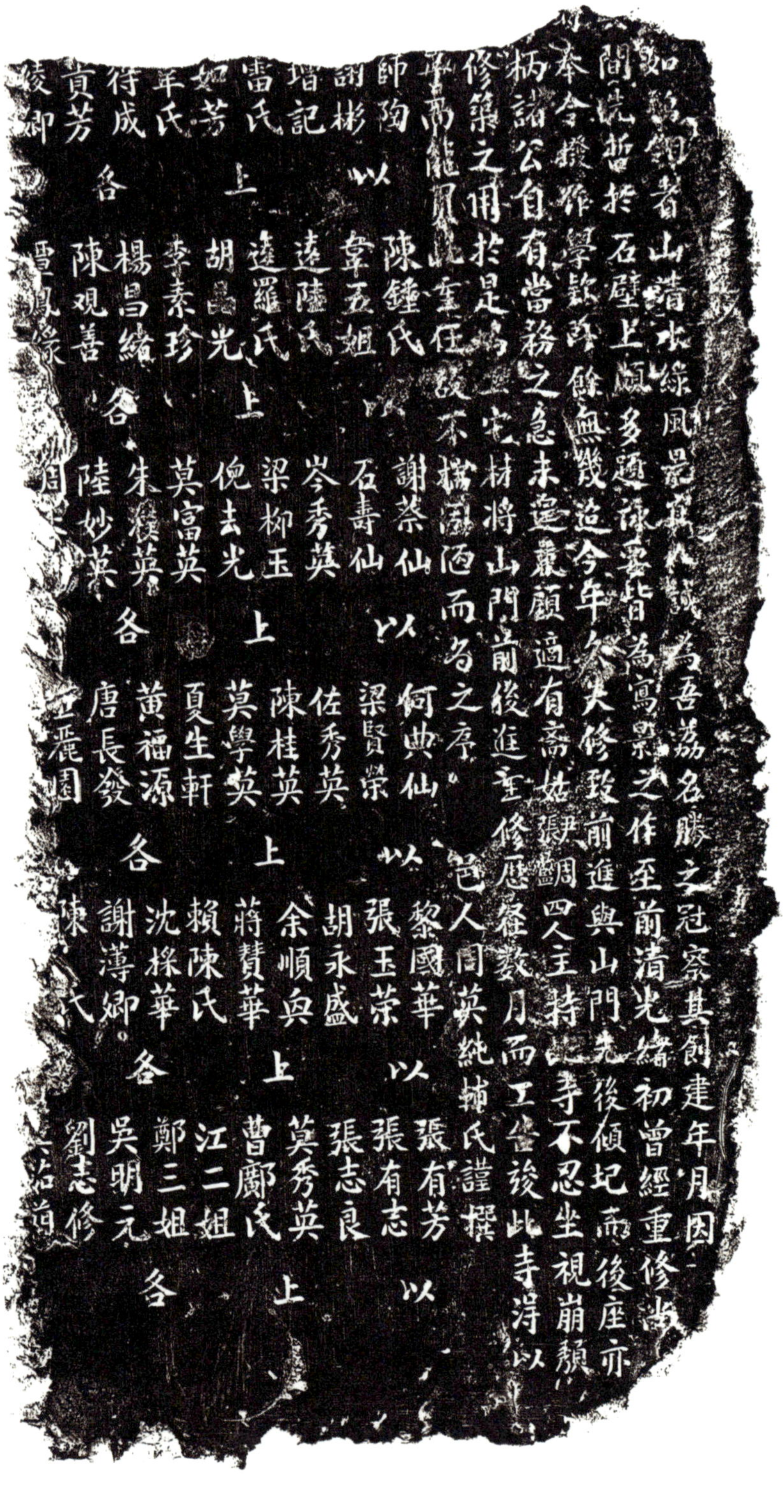

重修鹅翎寺山门碑（一）

民国·重修鹅翎寺山门碑

位于荔城镇鹅翎寺，保存较差，残缺不齐。碑共二通，规格均等，高 66 厘米，宽 37 厘米，厚 16 厘米。字为真书，阴刻。刻于民国二十七年（1938 年）。

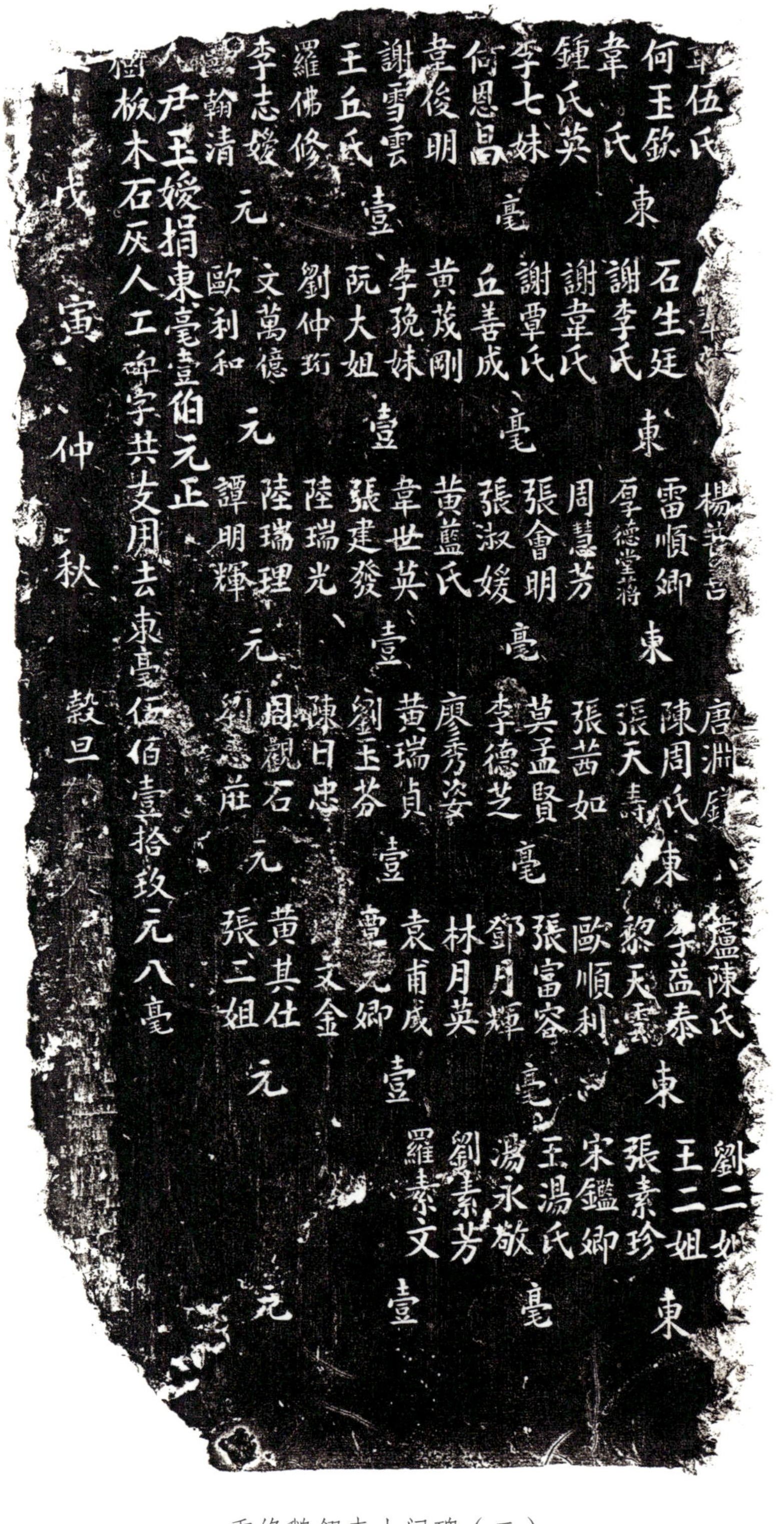

重修鹅翎寺山门碑（二）

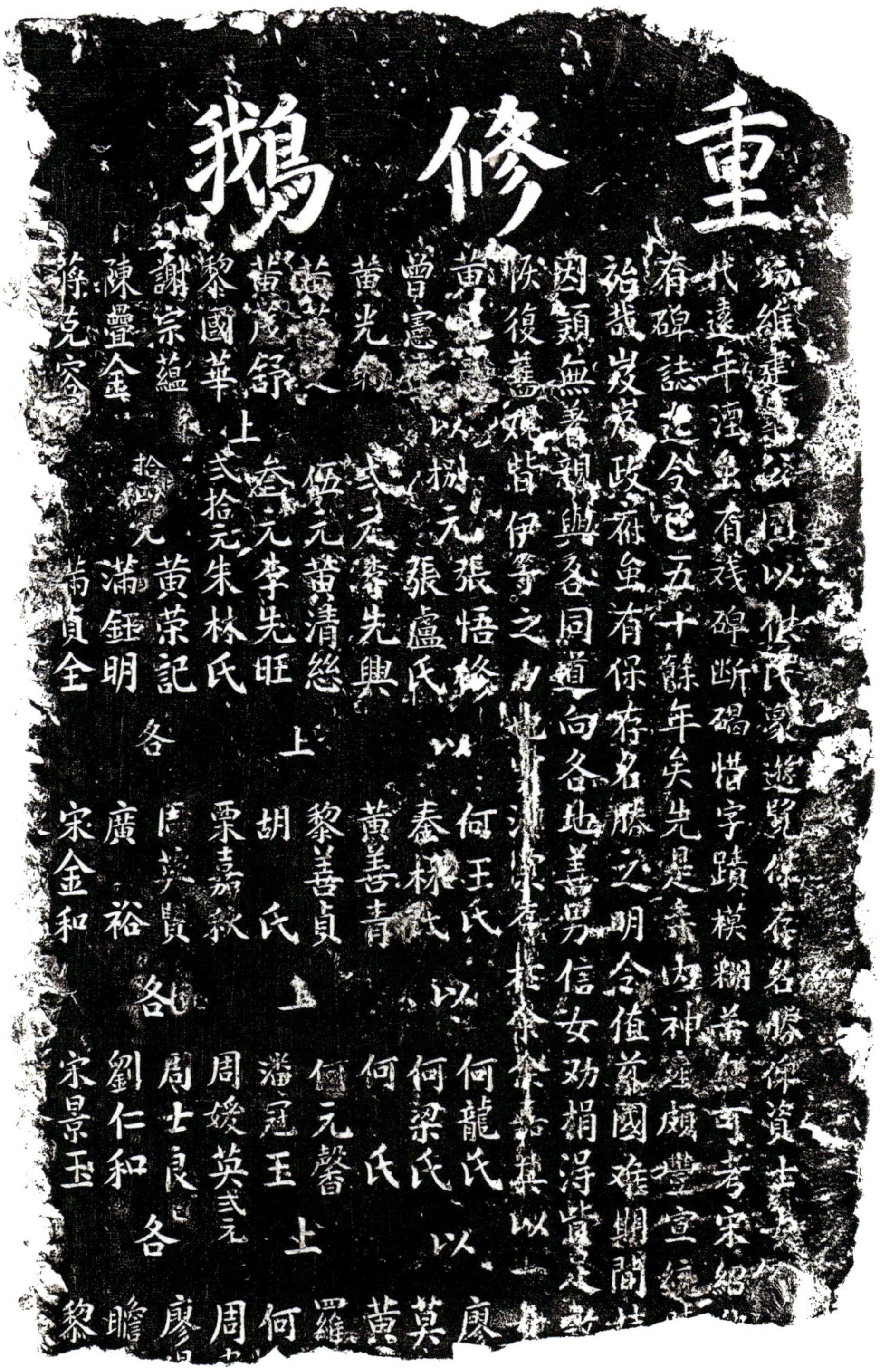

民国 · 重修鹅□□

位于荔城镇鹅翎寺。仅存一通，高 58 厘米，宽 36 厘米，厚 17 厘米。字为真书，阴刻。据碑文中的“政府”“国难”等信息，推测此通石刻刻于民国二十年（1931 年）至三十四年（1945 年）间。

鹅翎岩龙洞题联

位于荔城镇鹅翎岩龙洞洞口，为摩崖石刻。横批高 30 厘米，宽 52 厘米；上联高 108 厘米，宽 20 厘米；下联高 111 厘米，宽 20 厘米。字为行书，阳刻。年代不详。

张弘鹅翎岩题诗

位于荔城镇鹅翎岩，为摩崖石刻。石刻面高87厘米，宽108厘米。字为行书，阴刻。年代不详。

闽馆重修看台碑(一)

闽馆重修看台碑

嵌于荔城镇福建会馆前厅。碑现存二通，规格均等，高112厘米，宽66厘米。字为真书，阴刻。具体刻立时间不详。

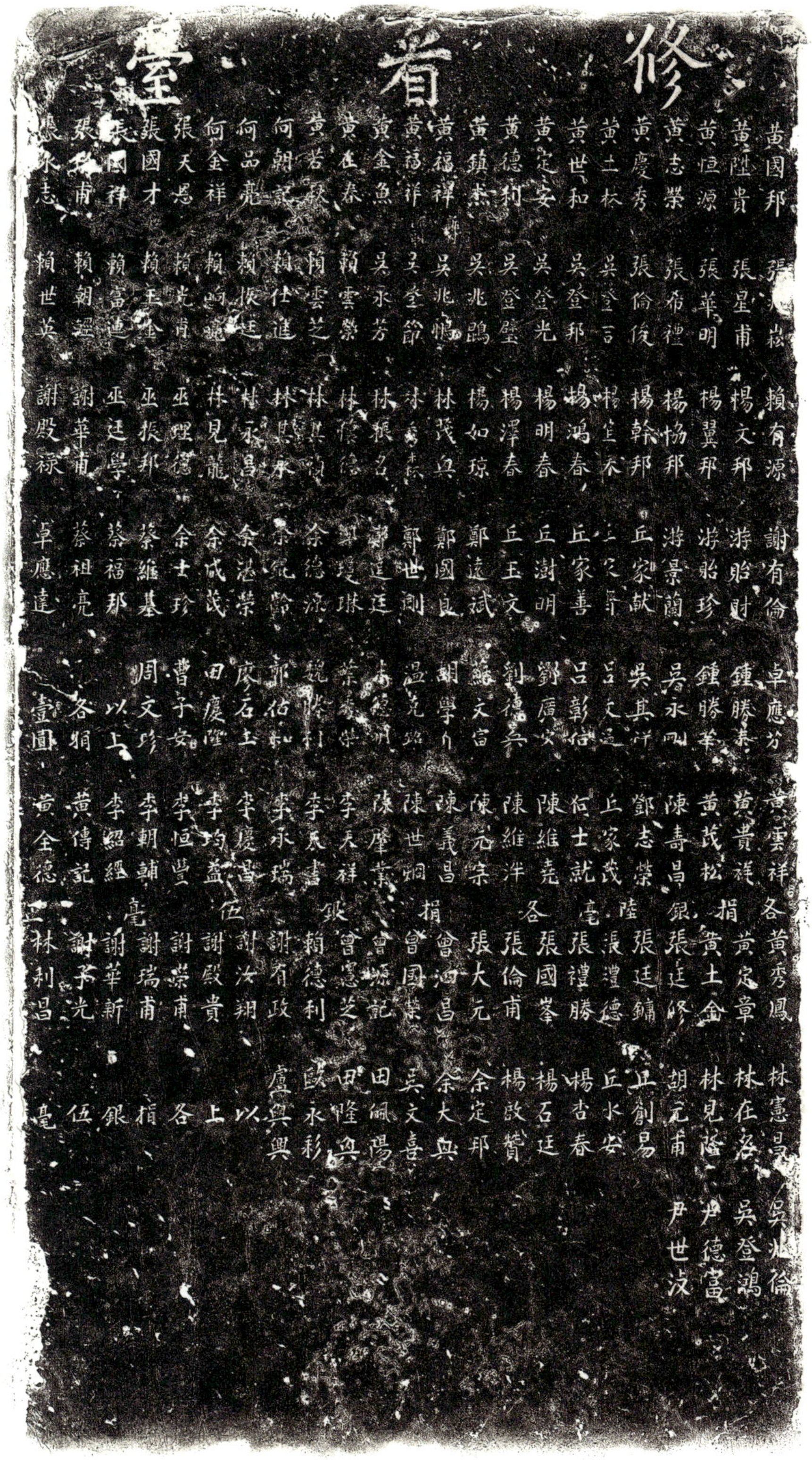

闽馆重修看台碑（二）

阁厨所碑记

位于荔城镇福建会馆前厅，残缺不全。碑高85厘米，宽57厘米。字为真书，阴刻。具体刻立时间不详。

双江镇

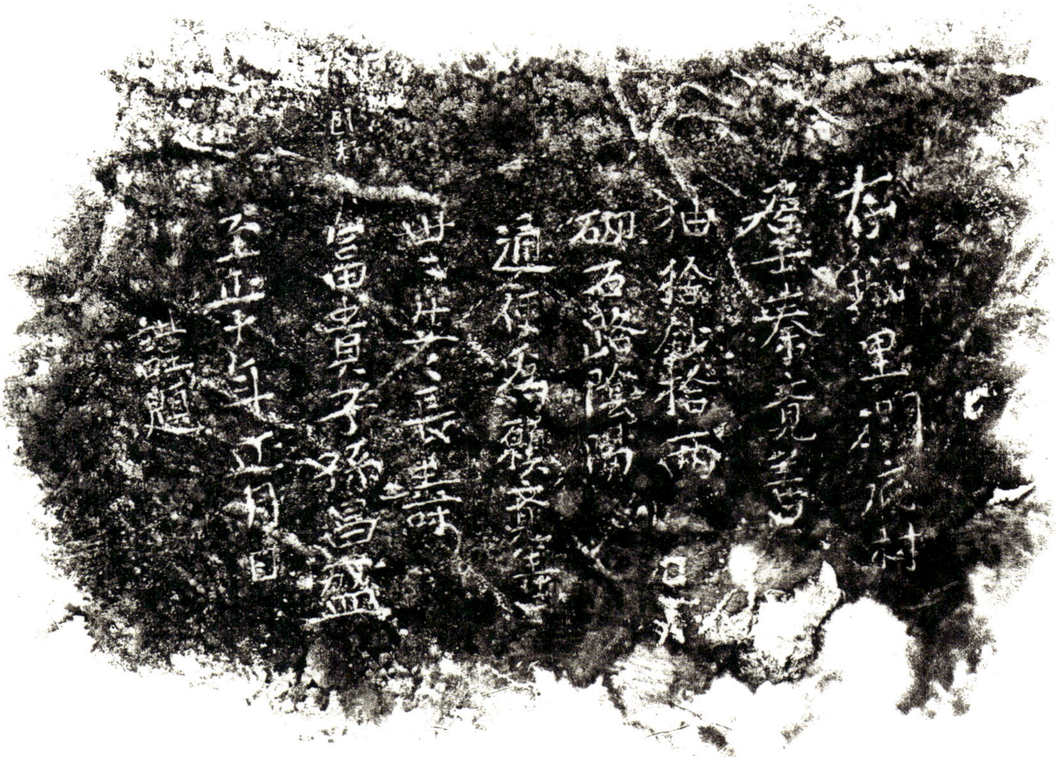

元·秦竟善穿岩舍钱砌路题名

位于双江镇穿岩东北侧，为摩崖石刻。石刻面高 40 厘米，宽 60 厘米。字为真书，阴刻。刻于元至正十年（1350 年）。

元·穿岩庚寅岁题记

位于双江镇穿岩西南侧，为摩崖石刻。石刻面高 34 厘米，宽 25 厘米。字为真书，阴刻。刻于元至正十年（1350 年）。

清·钟行旦穿岩题诗

位于双江镇穿岩西南侧，为摩崖石刻。石刻面高 49 厘米，宽 33 厘米。字为真书，阴刻。刻于清康熙十二年（1673 年）。

清·何天麟穿岩题诗并序

位于双江镇穿岩西南侧，为摩崖石刻。石刻面高 70 厘米，宽 60 厘米。字为真书，阴刻。刻于清康熙三十二年（1693 年）。

清·穿岩地界禁约题记

位于双江镇穿岩西南侧，为摩崖石刻。石刻面高48厘米，宽104厘米。字为真书，阴刻。刻于清道光二十八年（1848年）。

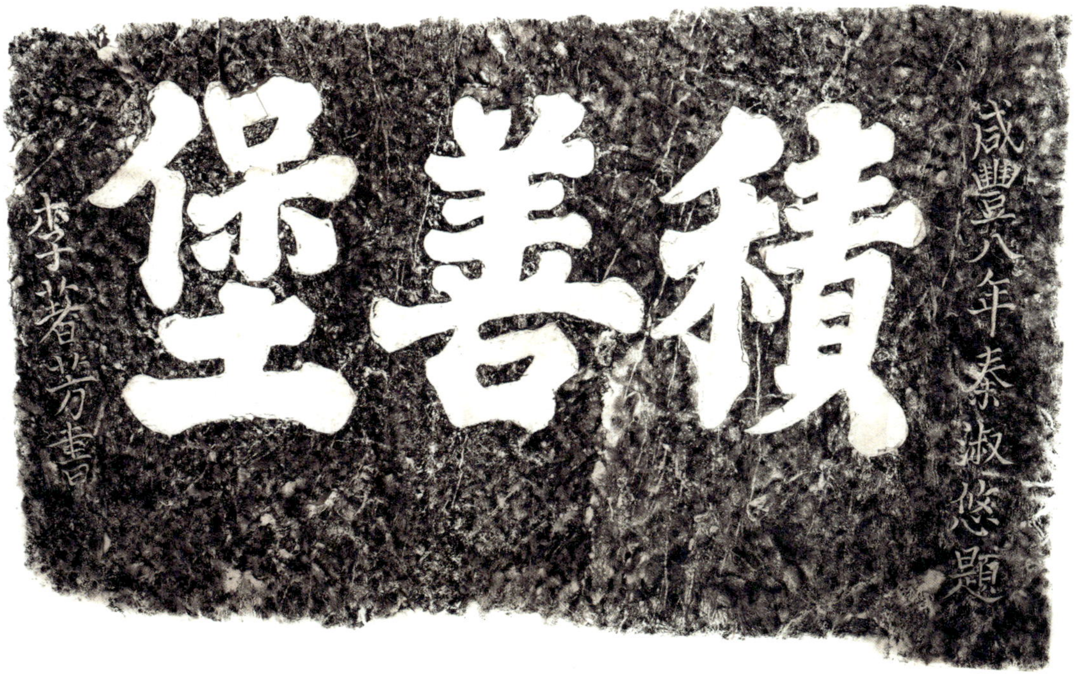

清·秦淑悠口舌岩“积善堡”题名

位于双江镇口舌岩积善堡洞口，为摩崖石刻。石刻面高85厘米，宽158厘米。字为真书，阴刻。刻于清咸丰八年（1858年）。

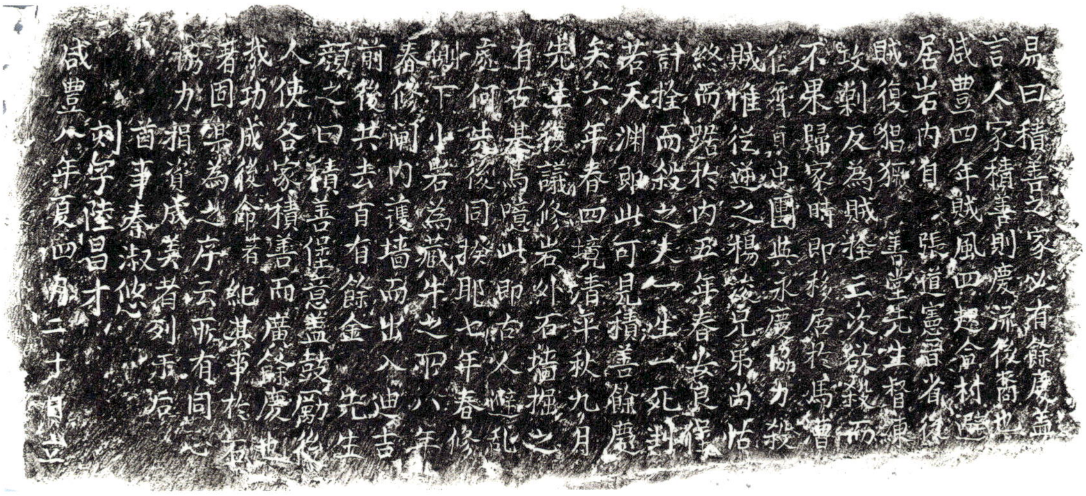

秦淑悠积善堡修缮题记（一）

清·秦淑悠积善堡修缮题记

位于双江镇口舌岩积善堡洞口，为摩崖石刻。共二通，第一通记事，高 32 厘米，宽 75 厘米；第二通题名，高 62 厘米，宽 42 厘米。字为真书，阴刻。均刻于清咸丰八年（1858 年）。

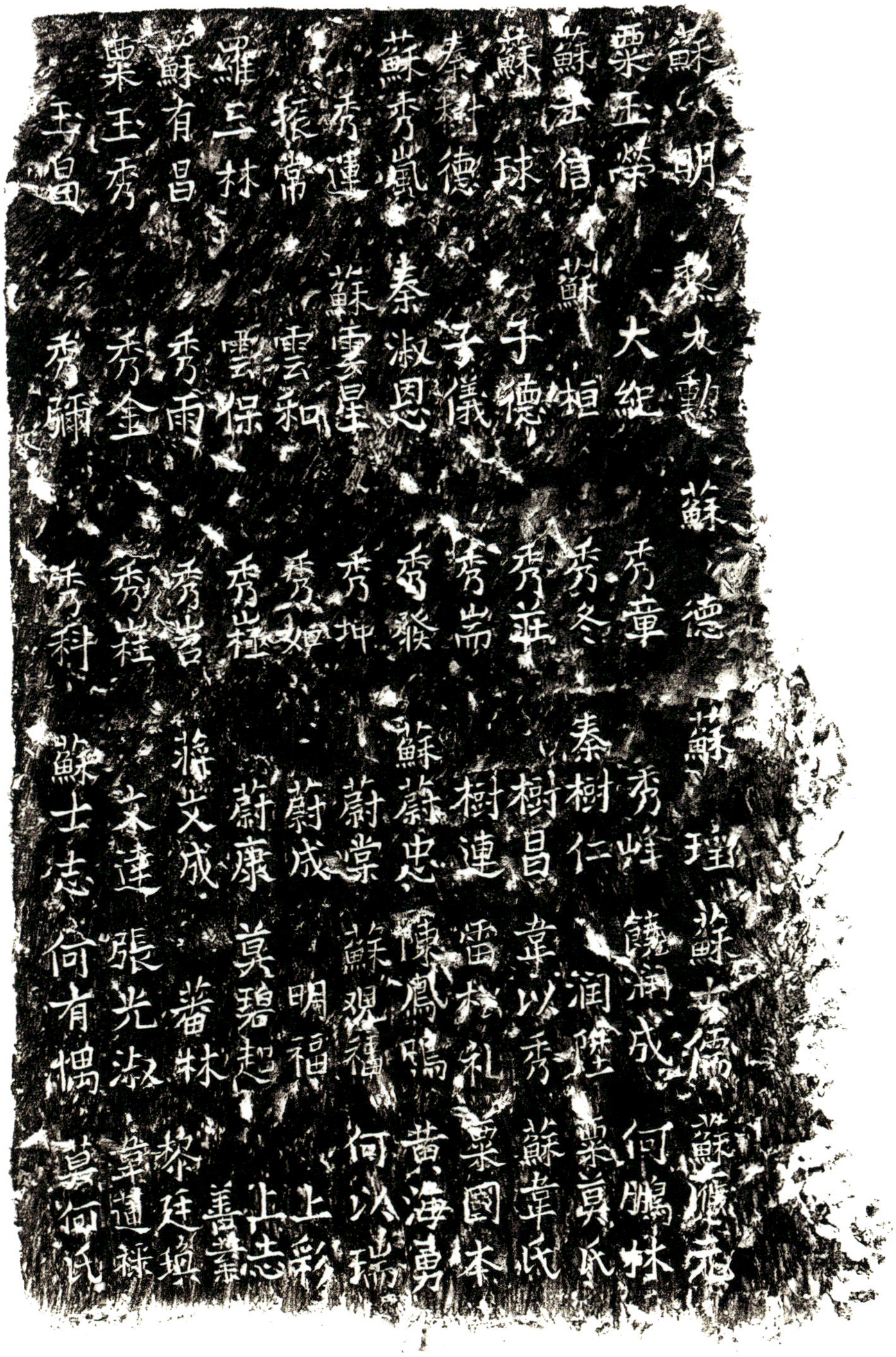

秦淑悠积善堡修缮题记（二）

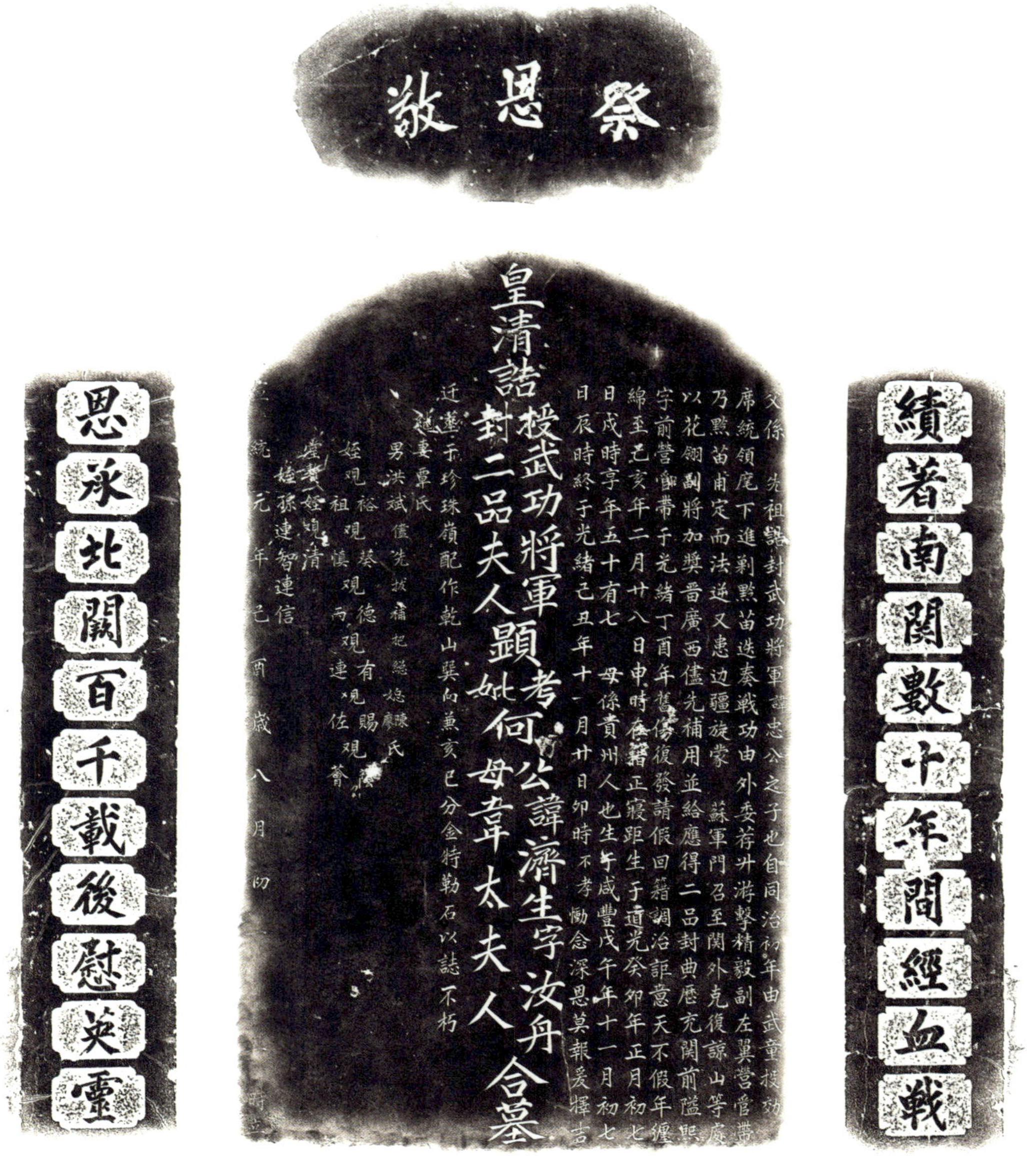

清·何济生墓碑及题联

位于双江镇太和村大六相屯大水寨。碑上方为弧形碑帽，碑身高 103 厘米，宽 62 厘米。字为真书，碑文为阴刻，对联为阳刻。刻于清宣统元年（1909 年）。

何济生（1842—1899 年），号汝舟，双江镇江埠人。清同治六年（1867 年）投湘军席宝田部，因功保升参将。光绪十年（1884 年），提督苏元春奏调何济生出关抗法。八月十四日于陆岸县一战被法军炮弹片炸伤头颅，仍负伤向前杀敌，大捷，保升副将。光绪十一年（1885 年）二月初七、初八在关前隘大战，继而攻克文渊、谅山、谷松。光绪二十三年（1897 年）因伤病请假回籍，日久不愈，光绪二十五年（1899 年）终，时年 57 岁，清廷授二品封典。

清·许之豫游穿岩题诗

位于双江镇穿岩西南侧，为摩崖石刻。石刻面高63厘米，宽55厘米。字为真书，阴刻。因许之豫于康熙四十六年（1707年）任荔浦知县，故推测此石刻刻于清康熙年间。

李著芳等口舌岩题咏（一）

清 · 李著芳等口舌岩题咏

位于双江镇口舌岩积善堡洞口，为摩崖石刻。共二通，第一通高 41 厘米，宽 42 厘米；第二通高 60 厘米，宽 49 厘米。字为真书，阴刻。李著芳曾在咸丰八年（1858 年）“书”《秦淑悠口舌岩“积善堡”题名》，大概是清道光、咸丰年间人，由此推测此题咏刻于清道光、咸丰年间。

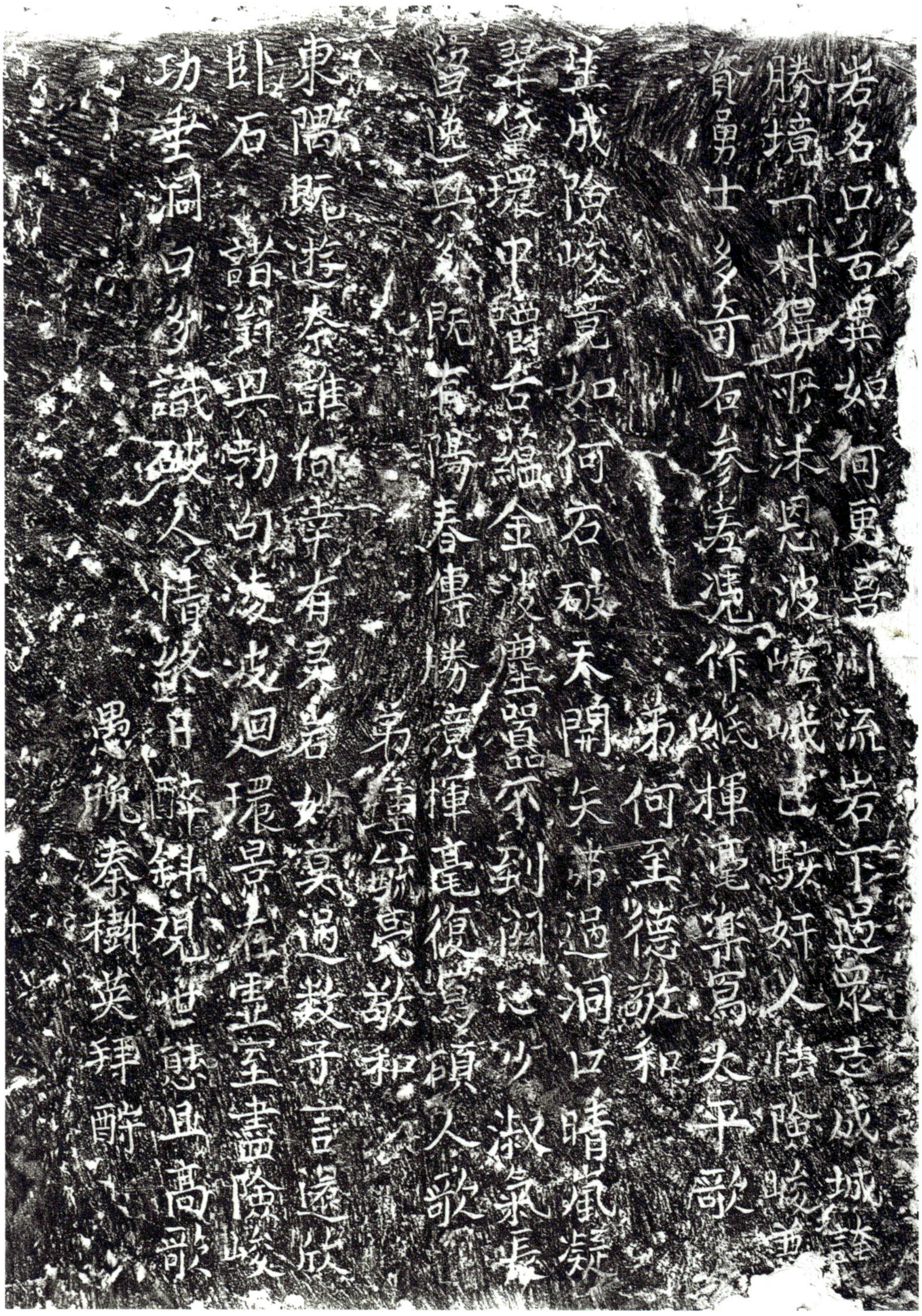

李著芳等口舌岩题咏（二）

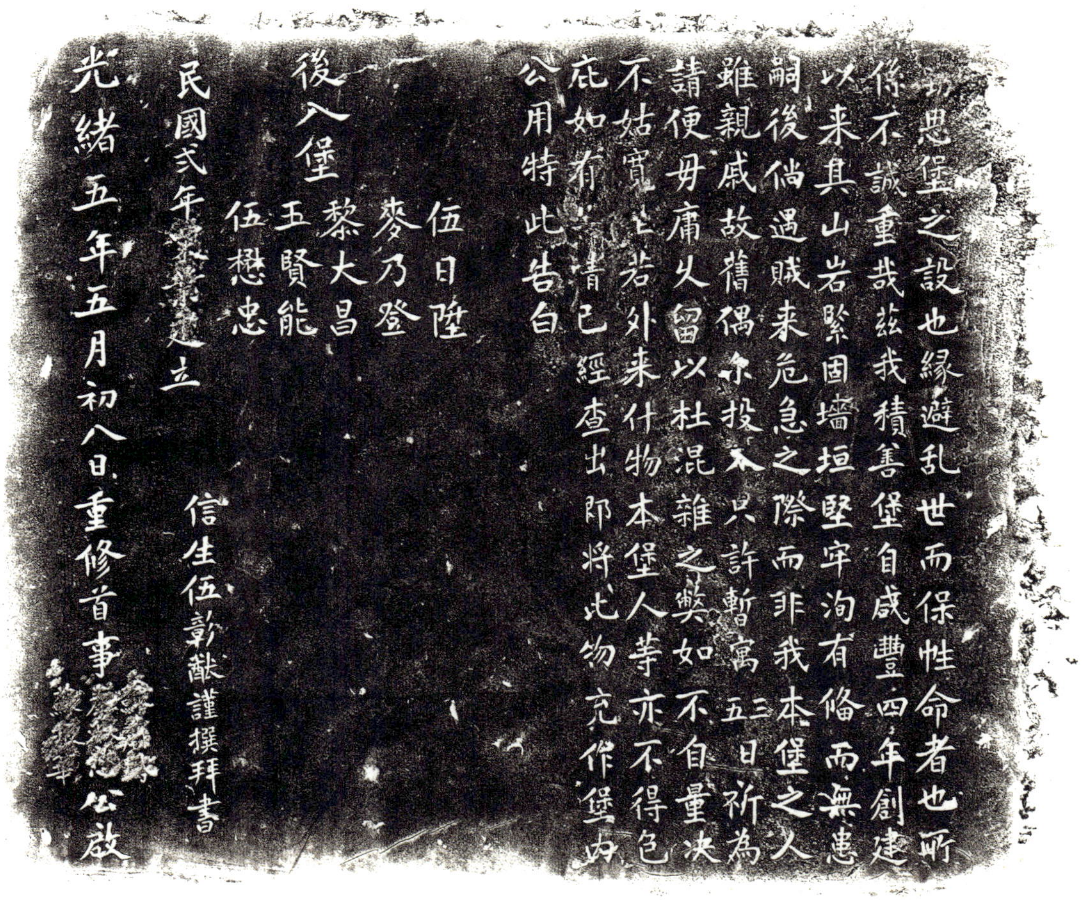
竊思堡之設也緣避乱世而保性命者也所
係不誠重哉茲我積善堡自咸豐四年創建
以来其山岩緊固墻垣堅牢洵有備而無患
嗣後倘遇賊来危急之際而非我本堡之人
雖親戚故舊偶尒投入只許暫寓三五日祈為
請便毋庸久留以杜混雜之弊如不自量決
不姑寬亡若外来什物本堡人等亦不得包
庇如有[illegible]請已經查出即将此物充作堡內
公用特此告白
伍日陞
麥乃登
後入堡
黎大昌
玉賢能
伍懋忠
民國弍年[illegible]建立
信生伍彰猷謹撰拜書
光緒五年五月初八日重修首事[illegible]公啟

民国·积善堡重修题记

位于双江镇口舌岩积善堡洞口，为摩崖石刻。石刻面高 49 厘米，宽 59 厘米。字为真书，阴刻。题于清光绪五年（1879 年），民国二年（1913 年）补刻。

民国 · 新建学堂碑记

藏于双江镇小戍村抗战旧址，残损严重，左上角缺失。碑高 105 厘米，宽 63 厘米。字为真书，阴刻。推测刻于民国时期。

穿岩“不求名利且求光”题咏

位于双江镇穿岩西南侧，为摩崖石刻。石刻面高 50 厘米，宽 20 厘米。字为真书，阴刻。题刻时间不详。

新坪镇

清·许之豫天门岩祈雨题记

位于新坪镇天门岩官崖洞洞口，为摩崖石刻。石刻面高60厘米，宽91厘米。字为真书，阴刻。刻于清康熙五十年（1711年）。

李时德举人进士旗杆石题名侧面

清·李时德举人进士旗杆石题名

位于新坪镇广福村，为旗杆石题名。题名在旗杆石的侧面，正面有一“暗八仙”图案，石上方有一圆孔。旗杆石高 170 厘米，宽 42 厘米，厚 16 厘米。题名为真书，阴刻。旗杆石是在乡试、会试放榜后立，李时德是清咸丰六年（1856 年）丙辰科武进士，推测此旗杆石刻于清咸丰六年（1856 年）。

据民国三年（1914 年）《荔浦县志》记载，李时德，荔浦人，清咸丰六年（1856 年）丙辰科武进士，官至浙江台州卫守备。

李时德举人进士旗杆石题名正面

龙怀乡

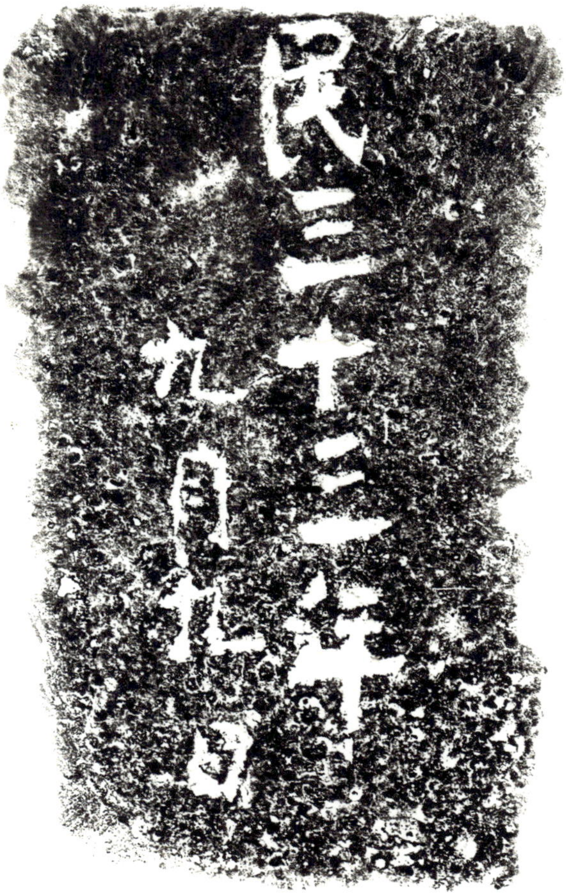

民国 · 飞龙岩纪年碑记

位于龙怀乡莲塘村飞龙岩洞口向内人工砌筑的石门门梁上。碑高 52 厘米，宽 30 厘米。字为真书，阴刻。刻于民国三十三年（1944 年）。

飞龙岩，荔浦人俗称“风岩”，据民国三年（1914 年）《荔浦县志》记载，风岩，在莲塘村右里许，由坳通山顶大岩，内容千余人，炎夏习习风生。

咸丰四年（1854 年），县差张亮之子张高友与罗中书、黄亚居等率兵自为先锋，于县北门圩揭竿而起，饥民蜂拥应之，占领荔浦。咸丰五年（1855 年）二月清军进攻县城，罗中书、黄亚居等遇难，张高友夜遁永安州。七月，张高友自永安率兵三千在马蹄塘与官兵连日接战，县城文武官员退驻马岭。清廷屡次派兵征讨，张高友率千余人退至飞龙岩垒石为栅，于飞龙山坳设关卡护耕耘以足自给，筑石墙、挖战壕以拒官兵。同治元年（1862 年），张高友领兵巡视时遇清军将领冯鼎，冯鼎败逃，张高友纵骑追赶却被冯鼎以短铳击中，不治身亡。1988 年，飞龙岩古关隘被列为县级文物保护单位。

履祥門
参加城乡居民社会养老保险
月月有钱领
养老金

马岭镇

明·建造发旺门碑记

位于马岭镇新寨村，刻于发旺门门楼上。高 18 厘米，宽 18 厘米。字为真书，阴刻。刻于明崇祯二年（1629 年）。

明·发旺门匾额

位于马岭镇新寨村，嵌于发旺门门楼上。匾额高 42 厘米，宽 99 厘米。字为真书，阳刻。刻于明崇祯二年（1629 年）。

清 · 小青山村“众村永远立禁”碑

位于马岭镇永明村银龙古寨（原名小青山村）。碑身为一个四方体石柱，高 58 厘米，宽 72 厘米。三面有刻字，真书，阴刻。刻于清嘉庆九年（1804 年）。

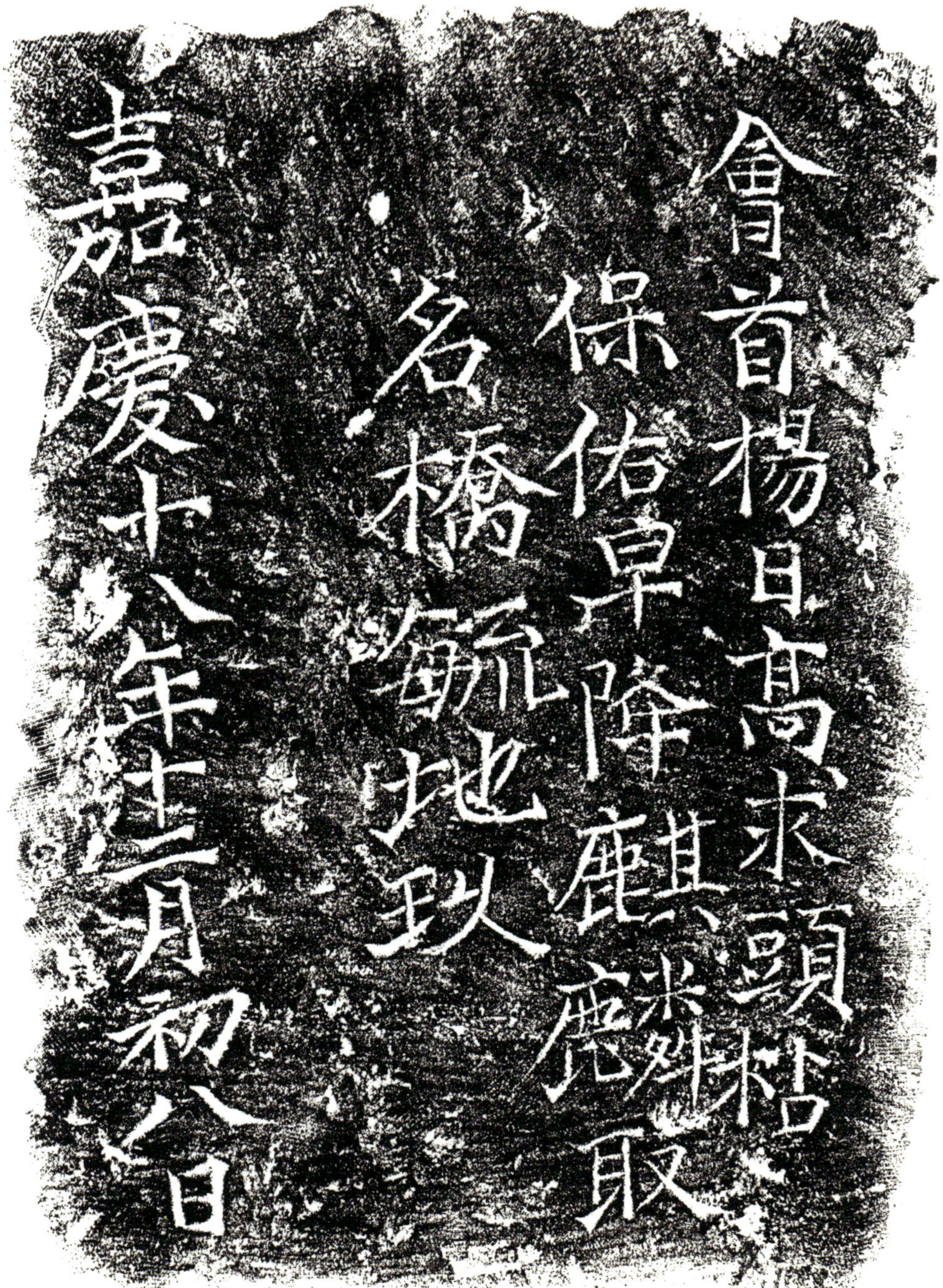

清·杨日高求头粘碑

位于马岭镇大地村下大地屯石拱桥下方合龙石上。碑高23厘米，宽18厘米。字为真书，阴刻。刻于清嘉庆十八年（1813年）。这是目前荔浦市唯一一座在桥身上刻有具体建造时间的古石拱桥。

重修下大地村巩（拱）桥碑（一）

清·重修下大地村巩（拱）桥碑

位于马岭镇大地村下大地屯石拱桥引桥两侧。碑共四通规格均等，高 81 厘米，宽 67 厘米。字为真书，阴刻。刻于清嘉庆十九年（1814 年）。

重修下大地村巩（拱）桥碑（二）

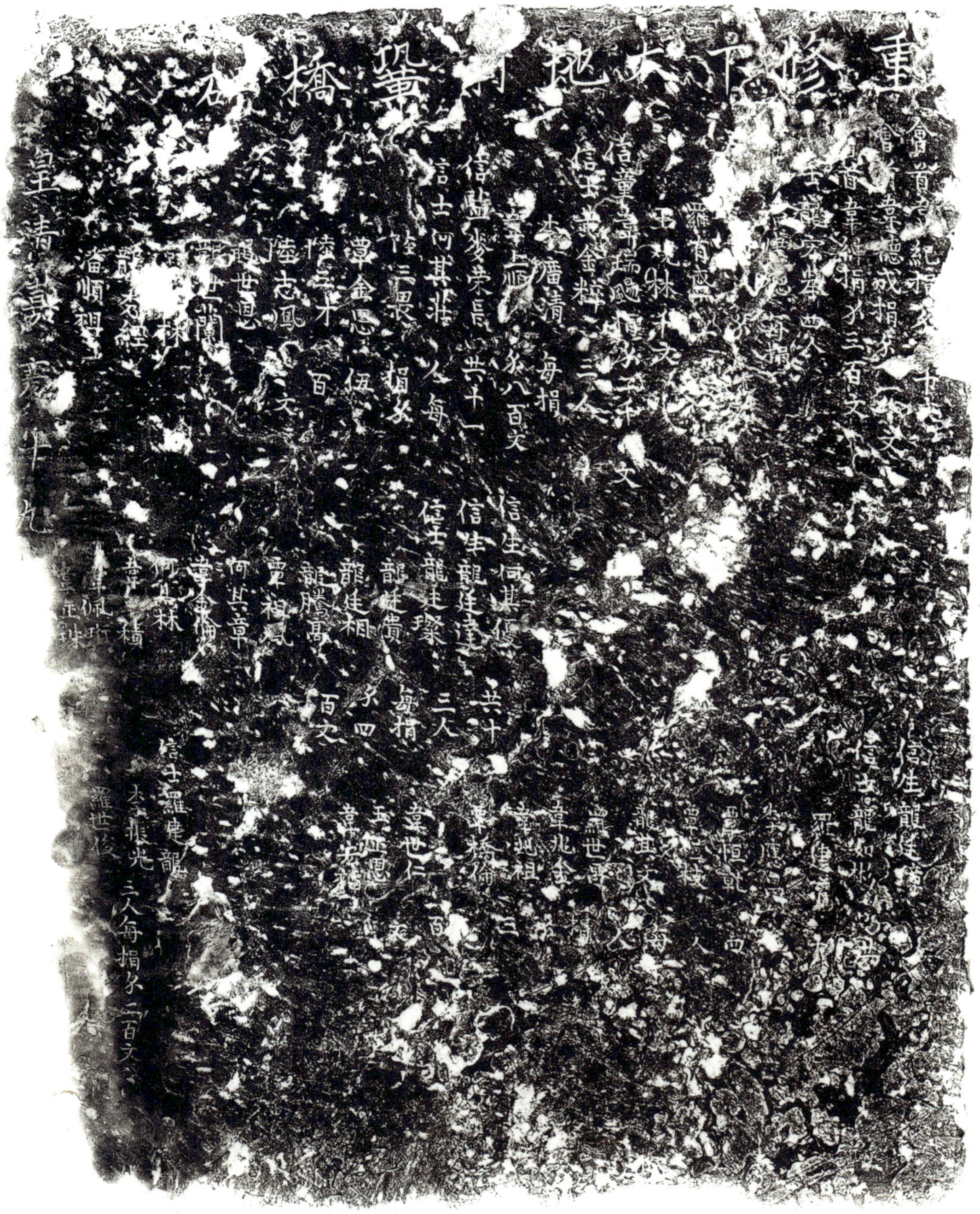

重修下大地村巩（拱）桥碑（三）

重修下大地村巩（拱）桥碑（四）

清·重修发旺门碑记

镶嵌于马岭镇新寨村发旺门门楼上。碑高 60 厘米，宽 75 厘米。字为真书，阴刻。刻于清咸丰元年（1851 年）。

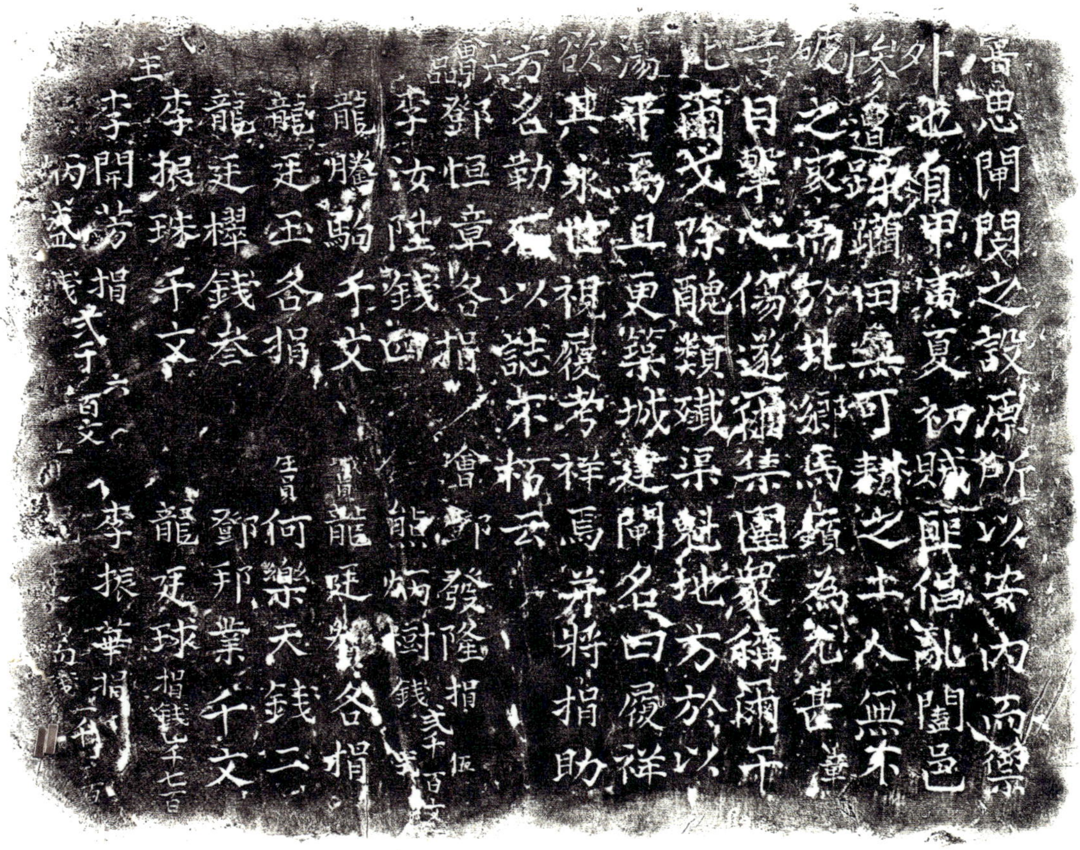

建造履祥门捐资碑（一）

清 · 建造履祥门捐资碑

位于马岭镇永明村银龙古寨履祥门上。碑共二通，规格均等，高 41 厘米，宽 53 厘米。字为真书，阴刻。刻于清咸丰五年（1855 年）。

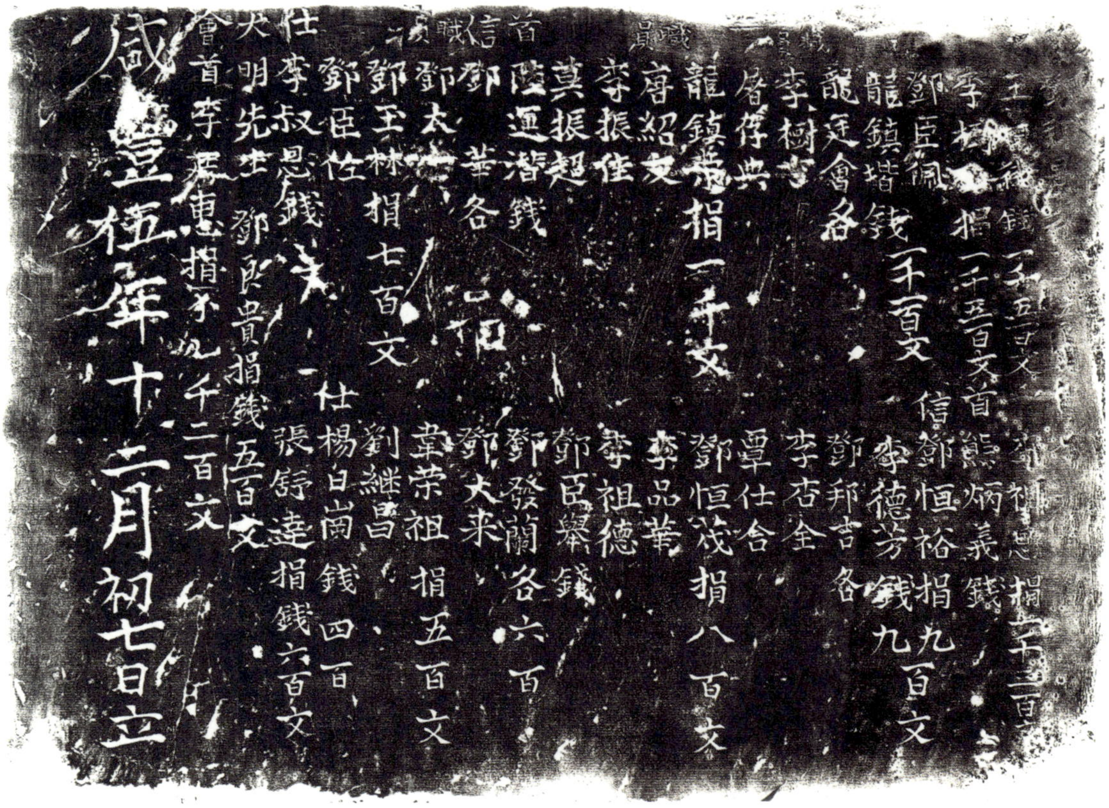

建造履祥门捐资碑（二）

清·小青山村合同碑记

位于马岭镇永明村银龙古寨。碑高69厘米，宽64厘米。字为真书，阴刻。刻于清光绪十年（1884年）。

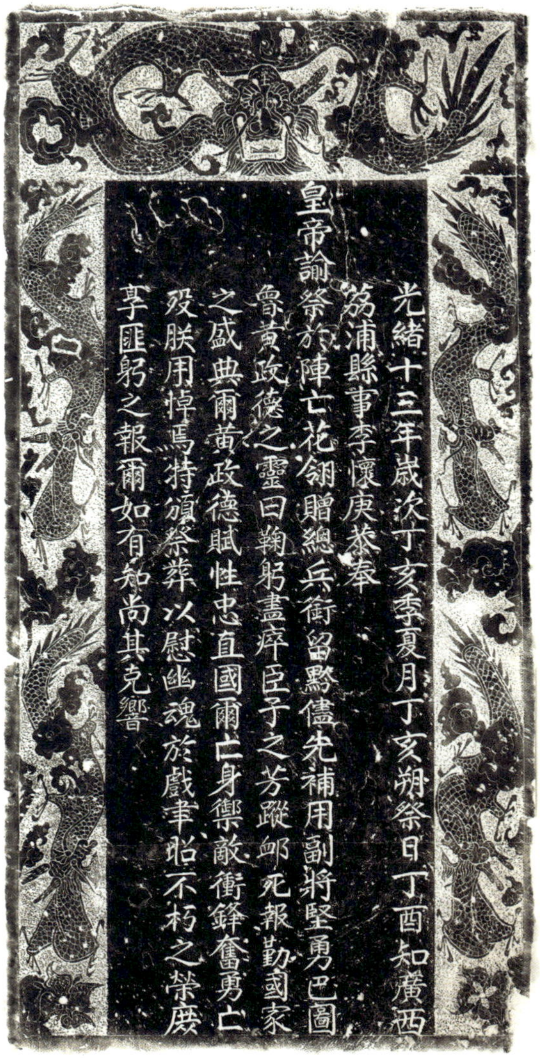

清·谕祭黄政德碑

位于马岭镇凤凰村三簀屯黄政德墓旁。碑首龙纹高 26 厘米，宽 80 厘米，两侧龙纹宽 14 厘米，龙纹环绕碑记。文字碑身高 135 厘米，宽 52 厘米。字为真书，阴刻。刻于清光绪十三年（1887 年）。

黄政德（1839—1884），号懋臣，马岭镇大冲口人。清同治三年（1864 年），以武童投效军营，于江西随营征剿，升外委把总，赏戴蓝翎，后转移贵州作战，因功晋升千总、守备、都司，换戴孔雀翎，叠授游击、参将，以副将留黔补用，赏给“坚勇巴图鲁”名号。光绪三年（1877 年）撤回湖南驻防。光绪十年（1884 年）春，奉命出镇南关抗法。八月，清廷对法宣战，黄政德率部与法军日夜鏖战，十进十出，凌厉无前。十八日，黄率队向法军发起冲锋，不幸被敌军大炮击中身亡，时年 45 岁。清廷诰授振威将军，恤加赠总兵衔，世袭骑都尉。光绪十年（1884）年十月，经其儿子、侄子从龙州军营扶柩归里下葬，光绪十六年（1890 年）改葬至今马岭镇三簀屯龙口岭。1985 年，黄政德墓被列为县级文物保护单位。

清·黄政德墓碑

位于马岭镇凤凰村三簀屯黄政德墓前。碑身呈弧形，高 105 厘米，宽 53 厘米。字为真书，阴刻。刻于清光绪二十二年（1896 年）。

清·黄政德墓志铭

位于马岭镇凤凰村三箦屯黄政德墓旁。碑高 152 厘米，宽 70 厘米。字为真书，阴刻。刻于清光绪二十二年（1896 年）。

清·陈嘉墓碑及题联

位于马岭镇永明村五里亭飞凤岭。碑高 127 厘米，宽 94 厘米。字为真书，阴刻。2004 年据清光绪三十三年（1907 年）原墓碑内容重刻。

陈嘉（1839—1885 年），字庆余，荔浦马岭五更地人，原籍福建诏安县。十七岁投楚军，后因功由六品官升千总加守备衔。清同治七年（1868 年），随清将席宝田的军队援黔，屡战有功。同治八年（1869 年），陈嘉于施硐口一战中负伤，导致右眼失明，然其英勇之气丝毫不减。此后数次立功，清廷赐号“讷恩登额巴图鲁”，由千总升至副将。

光绪元年（1875年），任凯里营都司。随即被调往湖南，接带毅新营，负责守卫宝庆（今湖南邵阳）。光绪十年（1884年）八月，法军偷袭马尾港，清廷诏令出关抗敌，陈嘉为广西提督苏元春部将，奉命率领镇南军出关抗敌，驻扎谷松，后于船头、陆岸大挫法军。清军又在纸作社设下埋伏，陈嘉上阵诱敌，激战中，苏元春带领伏兵围困法军，最终以共斩杀法军将领四名、士兵二百八十余人告捷。此战后陈嘉因功简放贵州安义镇总兵，记名提督，赏穿黄马褂。光绪十一年（1885年）二月，法军入侵镇南关（今友谊关），关前隘一战，陈嘉领兵勇夺三炮台，身受四处重伤，仍然英勇战斗，与蒋宗汉、王德榜、王孝祺合围并击溃法军。之后又领兵在文渊（今越南同登镇）、谅山与法军作战，歼灭法军千余人，重伤法军将领尼格里，守住国土。清廷以功赏陈嘉头品顶戴，云骑尉世袭。陈嘉于战斗中负伤累累，身体被子弹击中十余处，不得已回龙州治疗。光绪十一年（1885年）秋，陈嘉在龙州军营逝世。仲秋，陈嘉遗孤翰书扶柩归里，葬于荔浦五凤岭。清廷赐谥“勇烈”，并将他的生平战绩付国史馆立传，于龙州建“陈勇烈祠”，列入祀典。光绪帝赐挽联“一战功成寒寇胆 九天谥予悯臣忠”。光绪三十三年（1907年），陈嘉墓改葬马岭镇永明村五里亭飞凤岭。1985年，陈嘉墓被列入县级文物保护单位。

杜莫镇

清 · 重修锁龙庵碑

位于杜莫镇寨村锁龙庵。碑高110厘米，宽70厘米。字为真书，阴刻。刻于清康熙五十九年（1720年）。

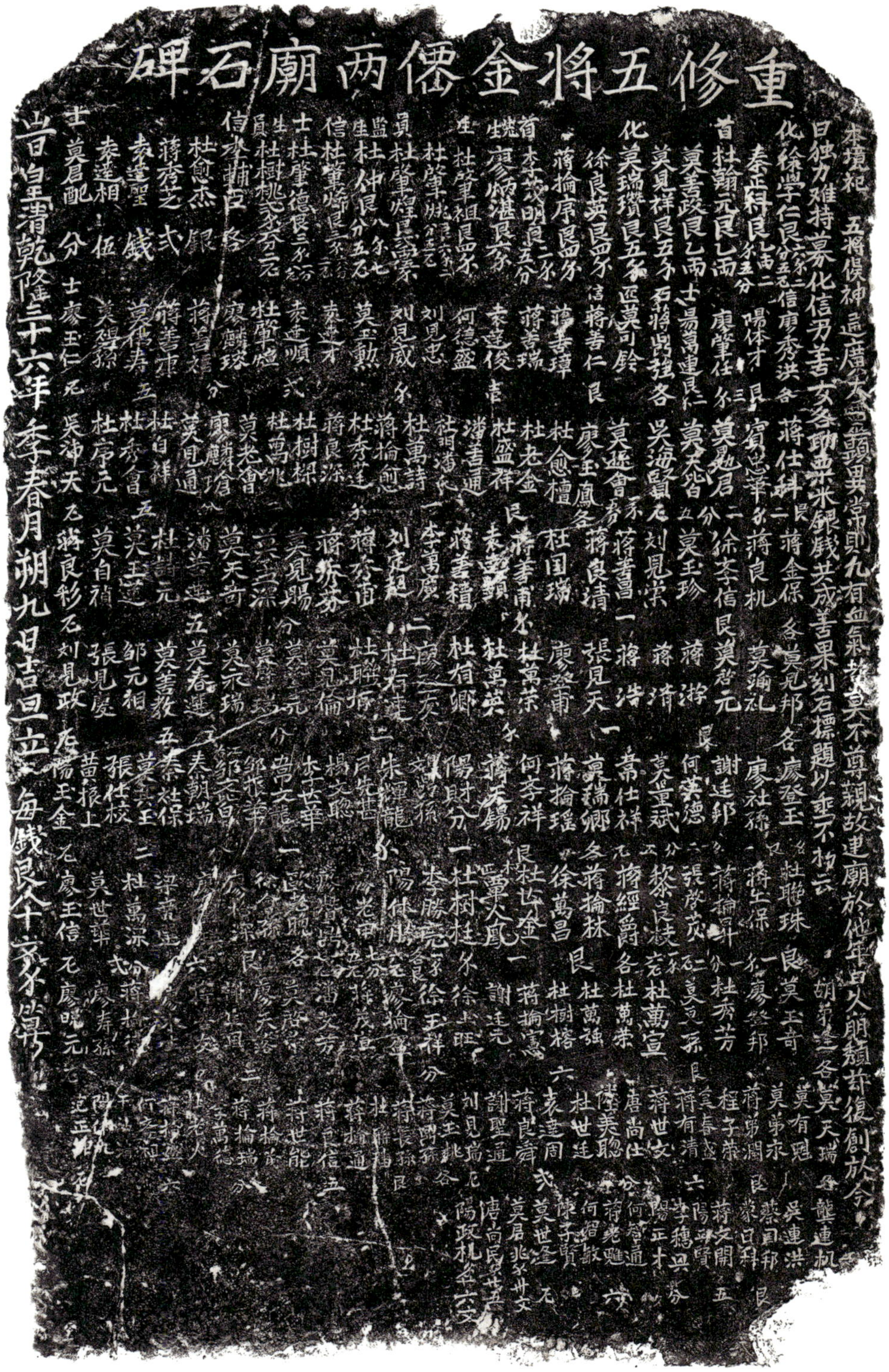

清·重修五将金仙两庙石碑

位于杜莫镇寨村古石门附近。碑高 123 厘米，宽 78 厘米。字为真书，阴刻。刻于清乾隆三十六年（1771 年）。

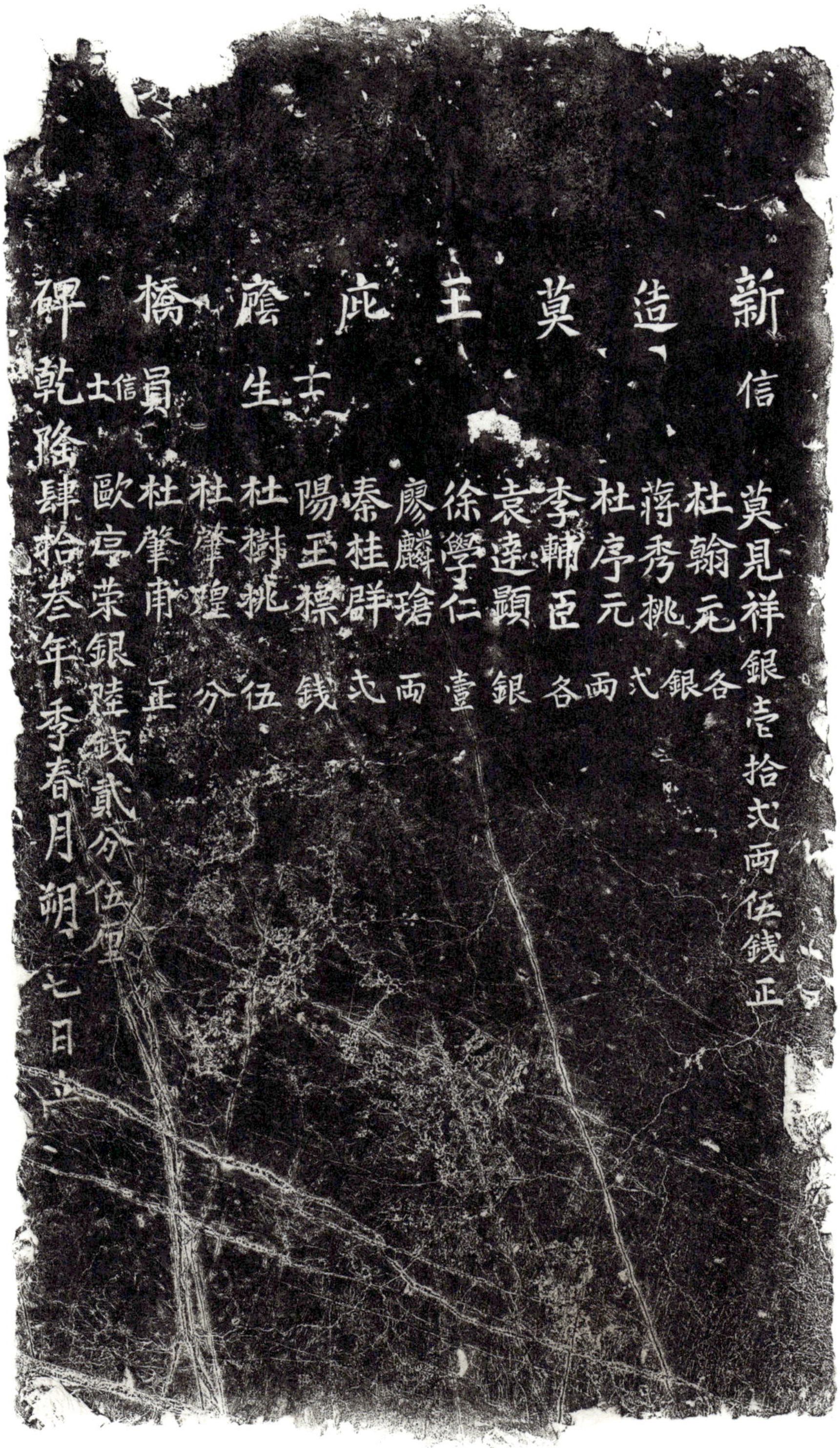

清 · 新造莫王庇荫桥碑

位于杜莫镇寨村莫王庙门前。碑高 98 厘米，宽 59 厘米。字为真书，阴刻。刻于清乾隆四十三年（1778 年）。

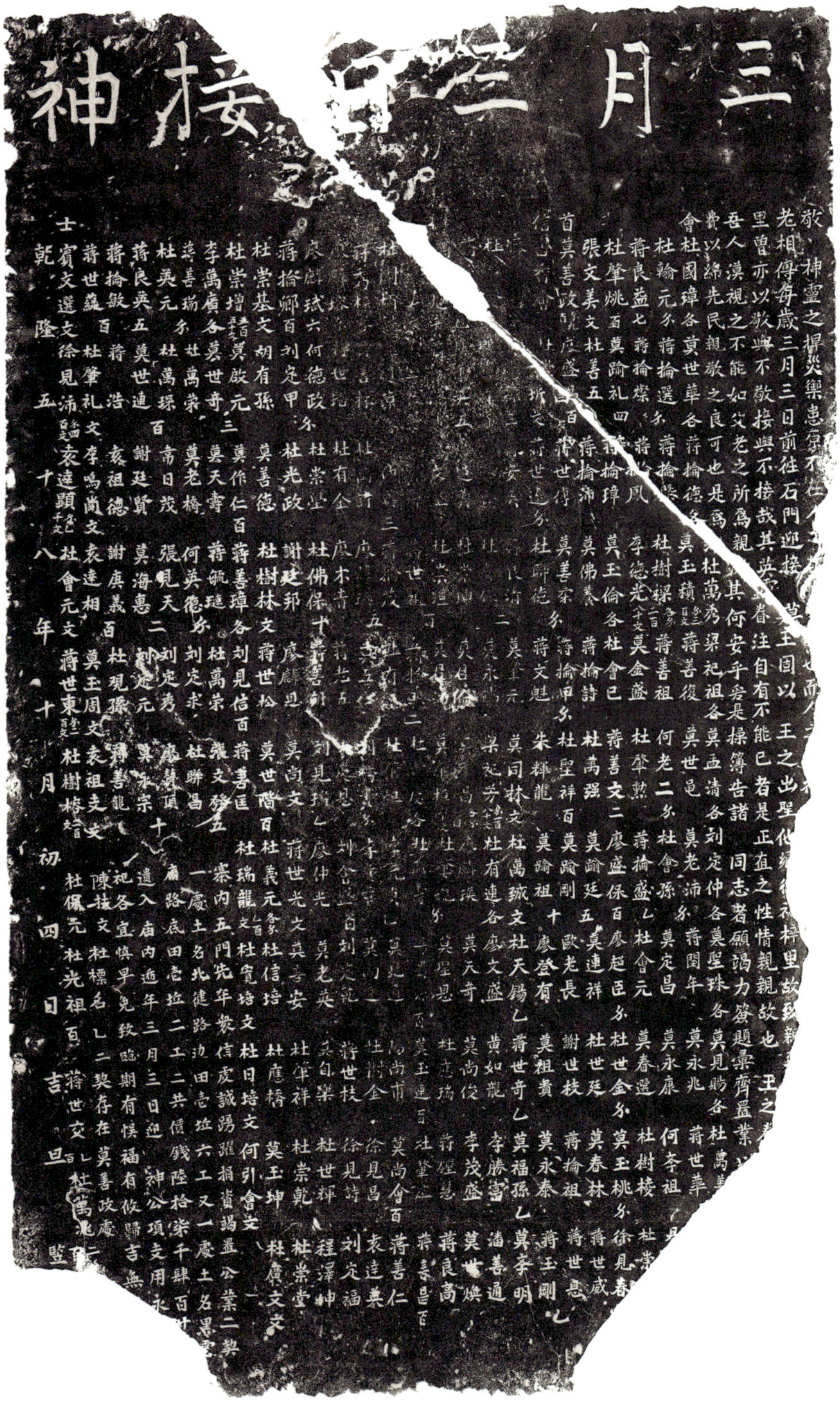

清·三月三日接神碑

位于杜莫镇寨村莫王庙门前，残损较多，下半部断裂，右上角有裂痕，字迹基本清晰。碑高 158 厘米，宽 93 厘米，厚 10 厘米。字为真书，阴刻。刻于清乾隆五十八年（1793 年）。

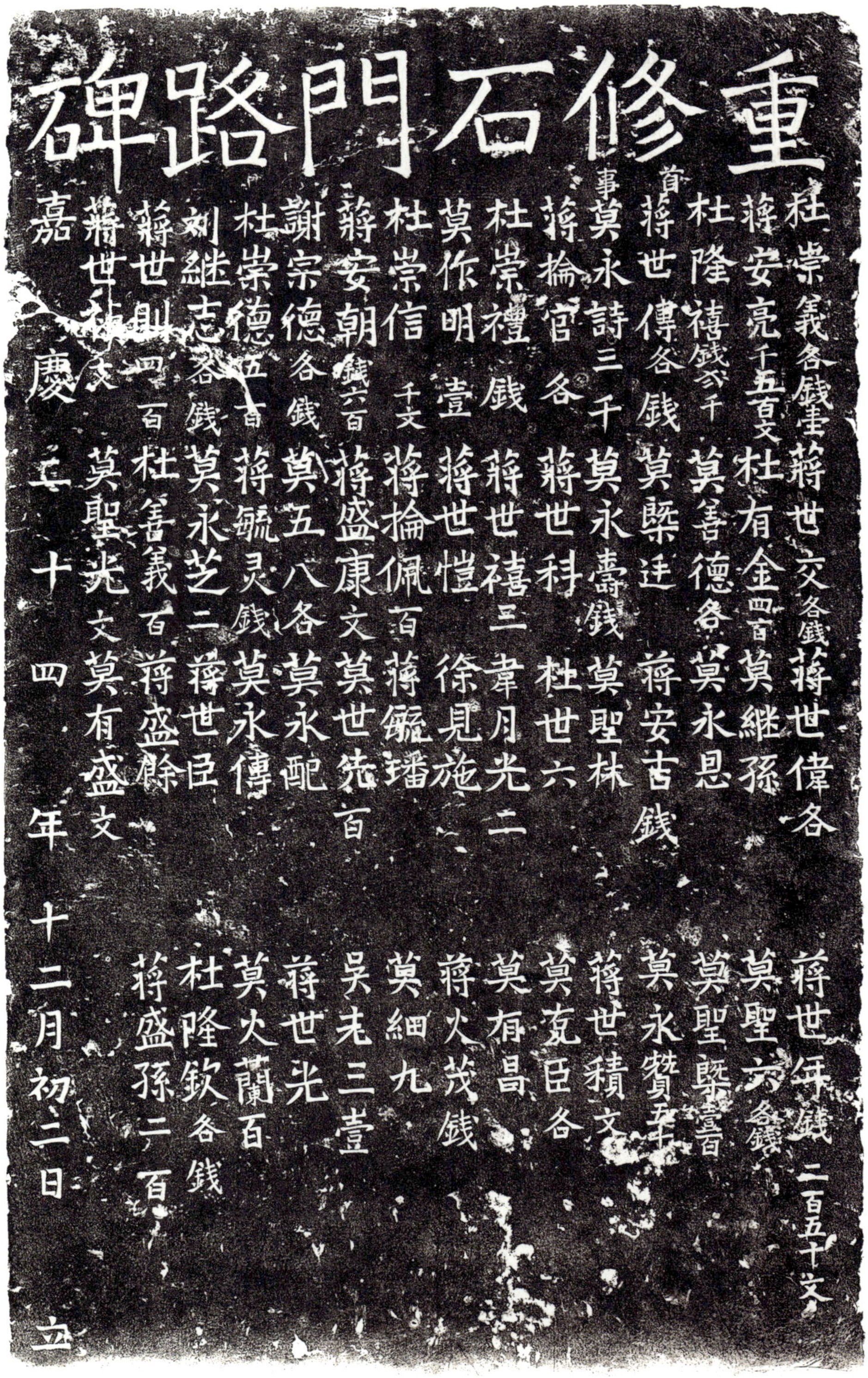

清 · 重修石门路碑

位于杜莫镇寨村古石门旁。碑高 89 厘米，宽 55 厘米。字为真书，阴刻。刻于清嘉庆二十四年（1819 年）。

大成殿
櫺星門
简介

修仁镇

清·新建玉泉寺头座碑

位于修仁镇玉泉山玉泉寺遗址，碑右中部有一条裂痕。碑高133厘米，宽73厘米，厚20厘米。字为真书，阴刻。刻于清乾隆四十一年（1776年）。

清·□禅和尚碑

位于修仁镇玉泉山玉泉寺遗址，碑头左右两角有少许缺损。碑高90厘米，宽60厘米，厚21厘米。字为真书，阴刻。刻于清道光三年（1823年）。

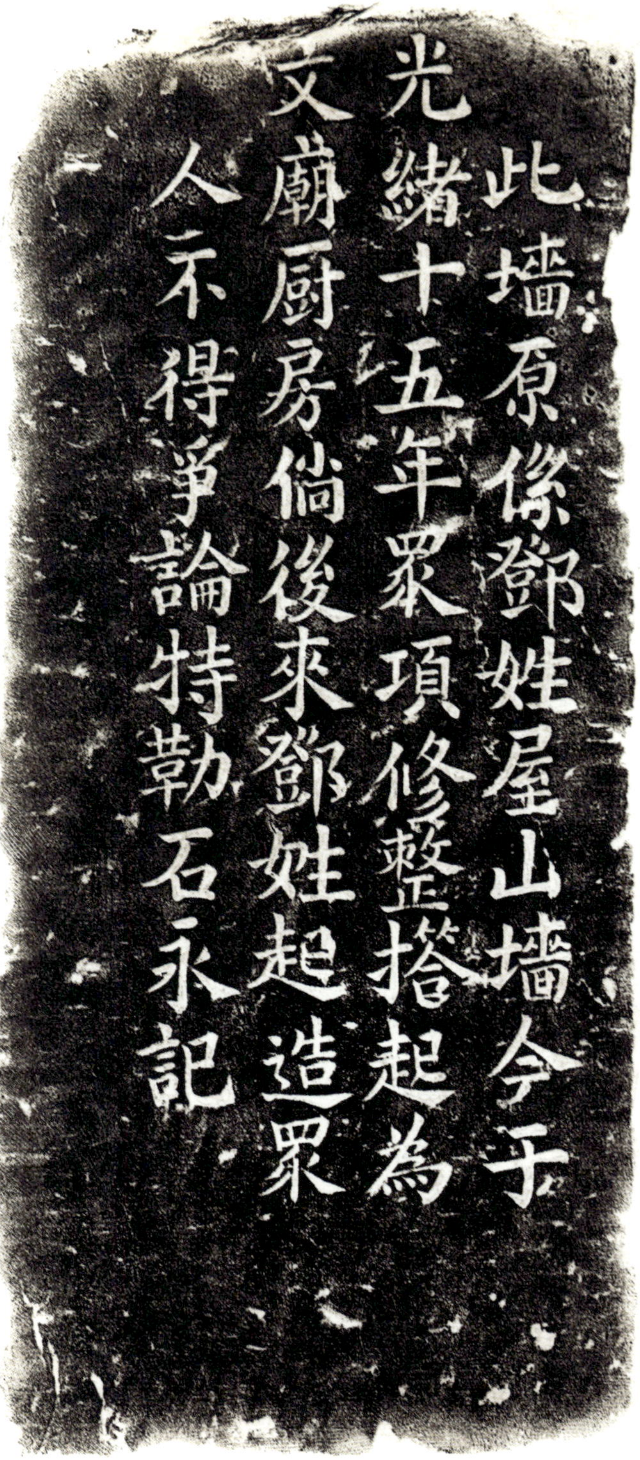

清·修仁文庙邓姓地界碑记

嵌于修仁镇文庙侧边房屋墙上。碑高 32 厘米，宽 14 厘米。字为真书，阴刻。刻于清光绪十五年（1889 年）。

清 · 修仁码头告示碑

位于修仁镇临江街大路边。碑身为长方体石柱，四面刻有碑文，有官印图章，柱顶上有圆形碑帽。碑高 122 厘米，四面宽均为 33 厘米。字为真书，阴刻。刻于清光绪三十三年（1907 年）。

修仁文庙棂星门匾额

位于修仁镇文庙内。匾额高 66 厘米，宽 206 厘米，厚 15 厘米。双面刻字，皆为真书。正面花纹阴刻、字阳刻；背面花纹、字皆阴刻。具体时间不详。

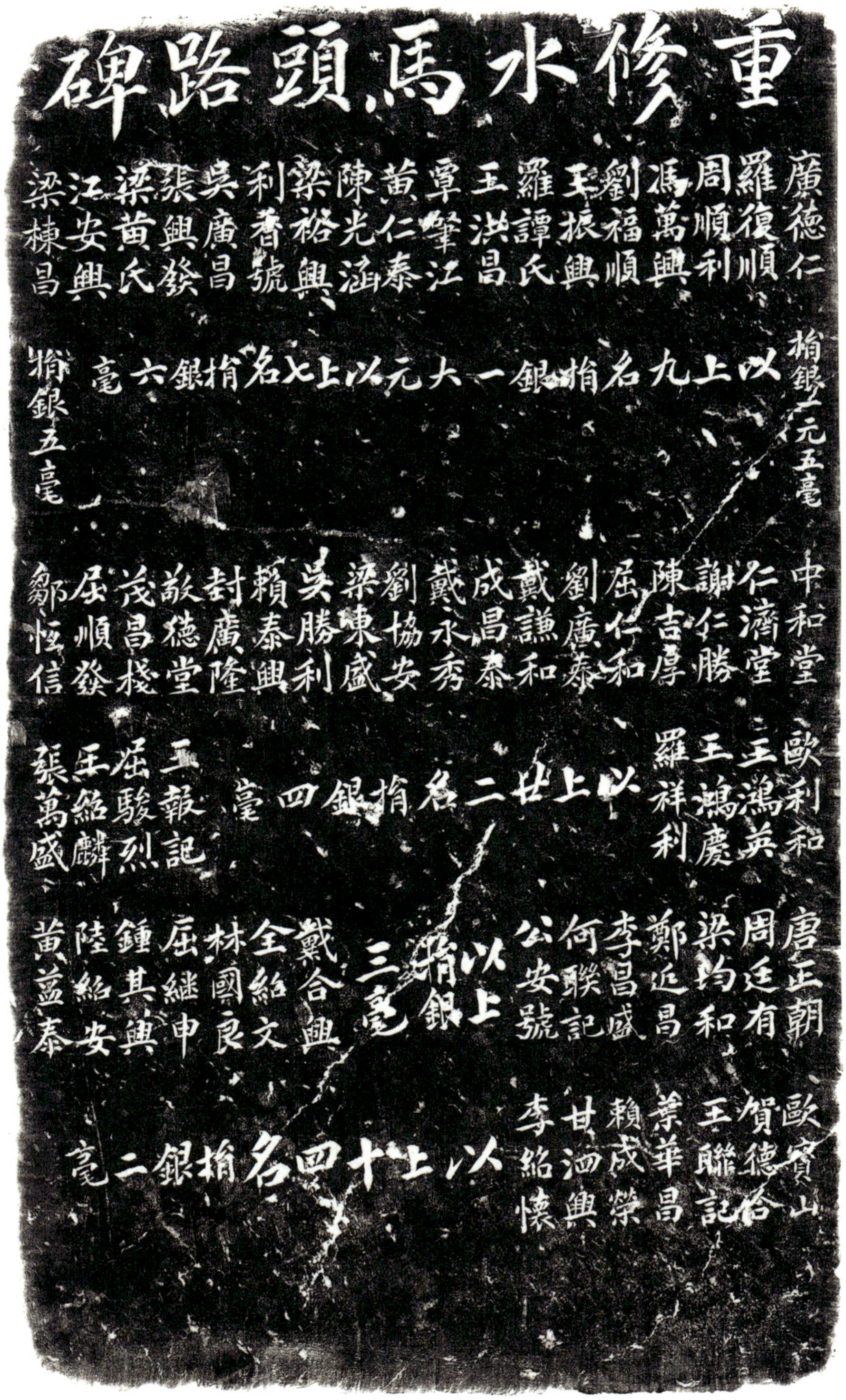

重修水马（码）头路碑

位于修仁镇临江街码头道路旁，嵌于上坡泥土内。碑高86厘米，宽54厘米，字为真书，阴刻。具体刻立时间不详。

修仁码头石敢当

位于修仁镇建陵街码头，镶嵌于石墙上，上方刻辟邪浮雕，下方刻“南无阿弥陀佛”字样，下半部分断裂。碑高 79 厘米，宽 24 厘米，碑首浮雕高 37 厘米，宽 24 厘米。字为真书，阴刻。具体刻立时间不详。

东昌镇

清·奉各大宪禁革陋弊碑记

位于东昌镇观音庙前殿。碑高 130 厘米，宽 96 厘米，厚 10 厘米。字为真书，阴刻。刻于清嘉庆十三年（1808 年）。

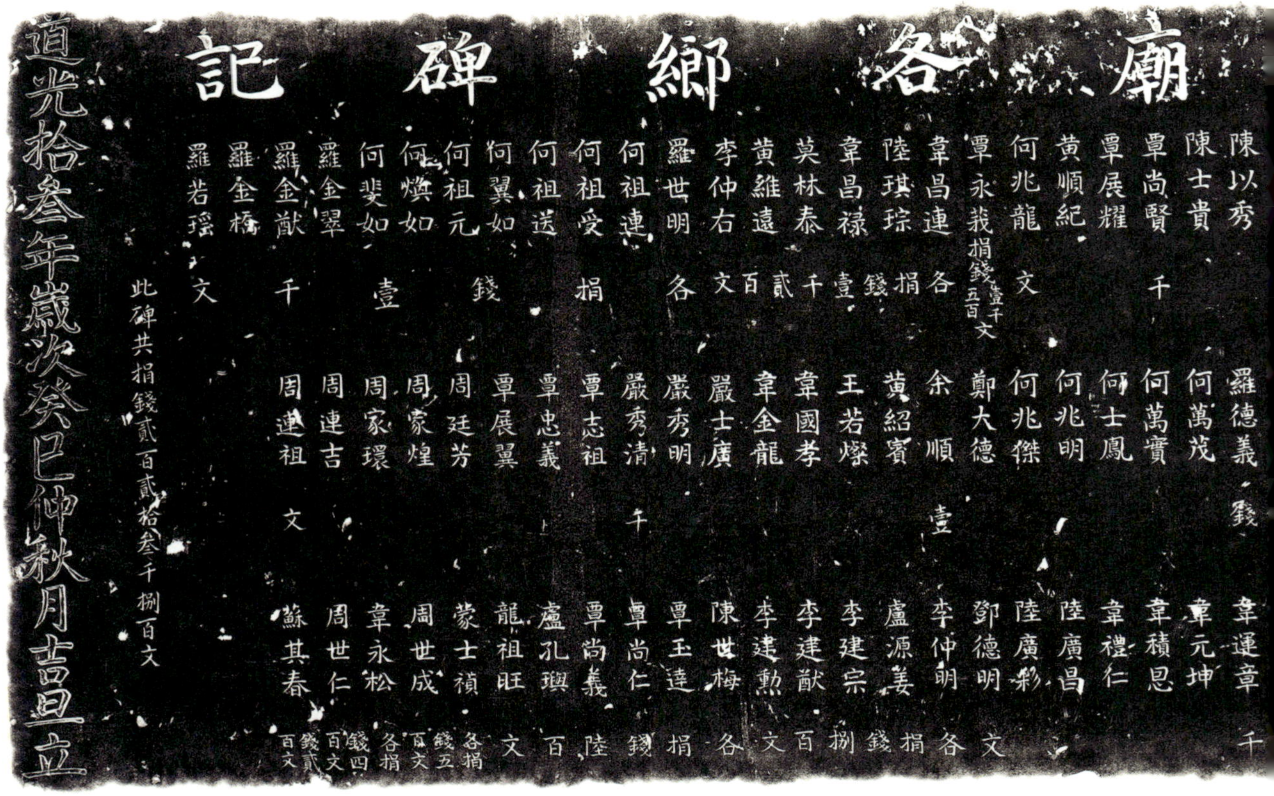

清·重修观音庙各乡碑记

嵌于东昌镇观音庙正殿左墙上。碑高53.5厘米，宽175厘米。字为真书，阴刻。刻于清道光十三年（1833年）。

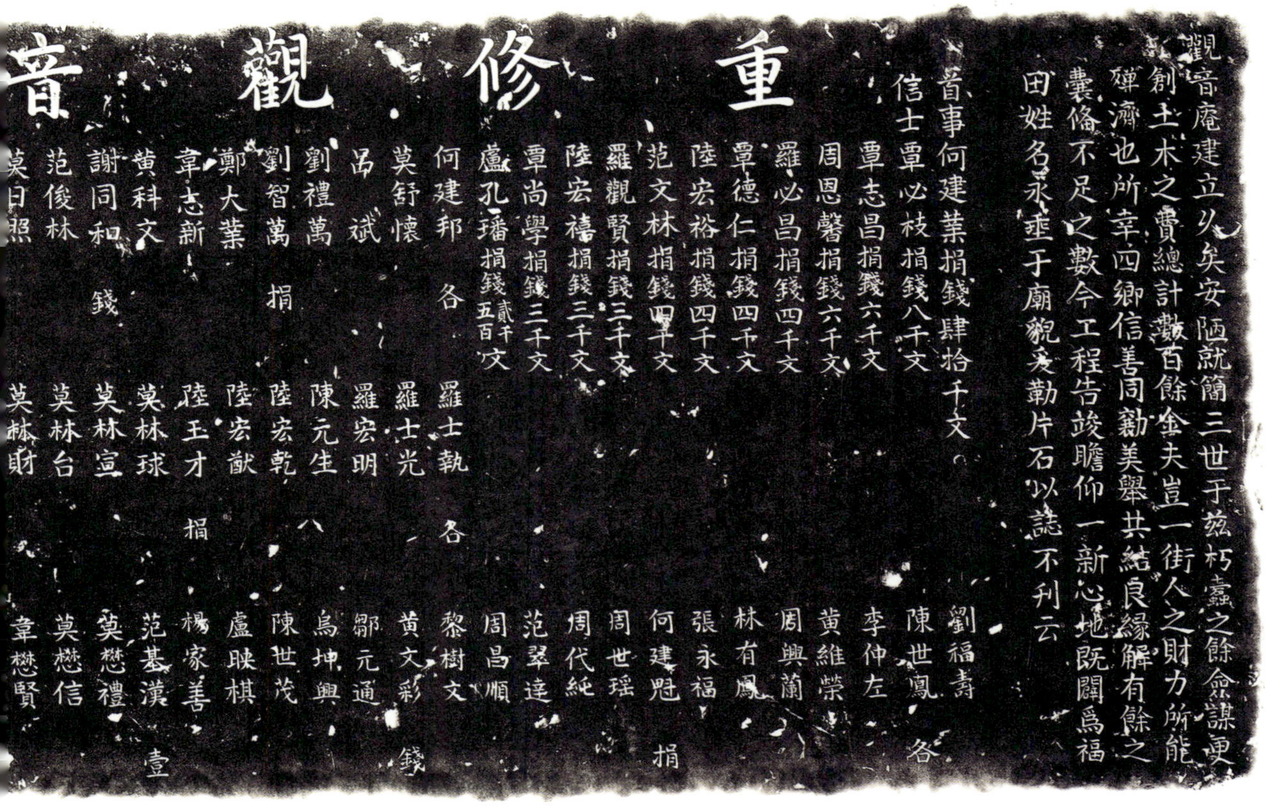

觀音庵建立以矣安陋就簡三世于茲朽蠹之餘僉謀更
創土木之費總計數百餘金夫豈一街人之財力所能
殫濟也所幸四鄉信善同勷美舉共結良緣解有餘之
囊倫不足之數今工程告竣瞻仰一新心地既闢爲福
田姓名永垂于廟貌爰勒片石以誌不刊云

重修觀音

首事何建業捐錢肆拾千文 劉福壽
信士覃必枝捐錢八千文 陳世鳳 各
覃志昌捐錢六千文 李仲左
周恩馨捐錢六千文 黃維榮
羅必昌捐錢四千文 周興蘭
覃德仁捐錢四千文 林有鳳
陸宏裕捐錢四千文 張永福
范文林捐錢四千文 何建魁 捐
羅觀賢捐錢三千文 周世瑤
陸宏禧捐錢三千文 周代純
覃尚學捐錢三千文 范翠達
盧孔播捐錢貳千五百文 周昌順
何建邦 各 羅士執 各 黎樹文
莫舒懷 羅士光 黃文彩 錢
呂斌 羅宏明 鄒元通
劉禮萬 陳元生 八 烏坤興
劉智萬 捐 陸宏乾 陳世茂
鄭大業 陸宏猷 盧映棋
韋志新 陸玉才 捐 楊家善
黃科文 莫林球 范基漢 壹
謝同和 錢 莫林宣 莫懋禮
范俊林 莫林台 莫懋信
莫日照 莫林財 韋懋賢

民国·建筑三圣宫及抗战胜利纪念牌坊碑记

位于东昌镇白帝庙旁。碑共二通，规格均等，高112厘米，宽69厘米。字为真书，阴刻。据碑文中的“抗战八年胜利”可知，此碑刻于民国三十四年（1945年）。

民国·潘慰农题“退思园”匾额

位于东昌镇白帝庙胜利门旁碑墙上。匾额高36厘米，宽67厘米。字为行书，阴刻。潘慰农名列刻于民国三十四年（1945年）的《建筑三圣宫及抗战胜利纪念牌坊碑记》中，由知可知匾额落款中的“丁亥”为民国三十六年（1947年），匾额刻于是年。

花篢镇

清·皇室诰封韦编“奉天敕命”碑

位于花簀镇福灵村白滩屯韦氏宗祠前。碑高 146 厘米，宽 95 厘米，厚 11 厘米。碑文刻满汉两种文字，汉字为真书，阴刻。刻于清同治元年（1862 年）。

据民国三年（1914 年）《荔浦县志》记载，韦编字绍删，廪生，荔浦花簀镇福灵村白滩屯人。咸丰间，练团维持地方，保举桂林府训导。

青山镇

清·乾隆三十年重修孔抱井碑

位于青山镇松林村西鼓楼旁的孔抱井台上，部分文字因后人重修孔抱井时用混凝土镶嵌被遮挡。碑高 73 厘米，宽 48 厘米。字为真书，阴刻。刻立于乾隆三十年（1765 年）。

清·道光十年重修孔抱井碑

位于青山镇松林村西鼓楼旁的孔抱井台上，部分文字因后人重修孔抱井时用混凝土镶嵌被遮挡。碑高73厘米，宽48厘米。字为真书，阴刻。刻立于清道光十年（1830年）。

新修水月庵功德碑（一）

清·新修水月庵功德碑

位于青山镇荔江湾水月庵遗址门前。碑共二通，第一通为记事碑，高83厘米，宽50厘米；第二通为人名碑，高30厘米，宽75厘米。字为真书，阴刻。原立于清乾隆六十年（1795年），清光绪四年（1878年）重刻。

清·新修水月庵功德碑（二）

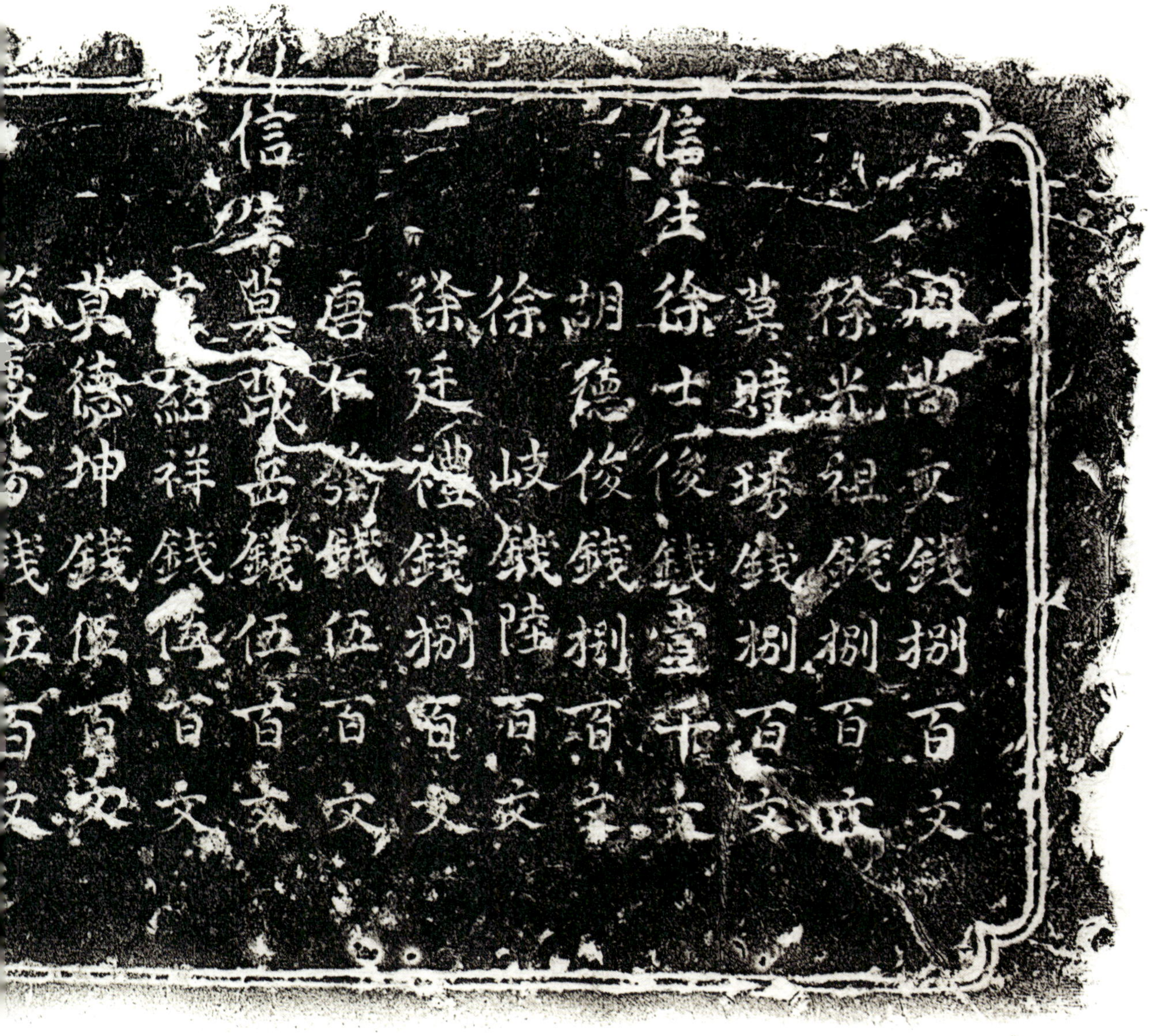
徐光祖錢捌百文
莫暐琇錢捌百文
信生
徐士俊錢壹千文
胡德俊錢捌百文
徐岐錢陸百文
徐廷禮錢捌百文
莫兆岳錢伍百文
莫德坤錢伍百文

大塘镇

义敢村抗战阵亡烈士纪念碑（一）

民国 · 义敢村抗战阵亡烈士纪念碑

位于大塘镇义敢村村口公路旁。碑身为长方体石柱，四面分别刻碑记及题词，碑高 106 厘米，四面均宽 47 厘米。字为真书，阴刻。刻于民国三十七年（1948 年）。

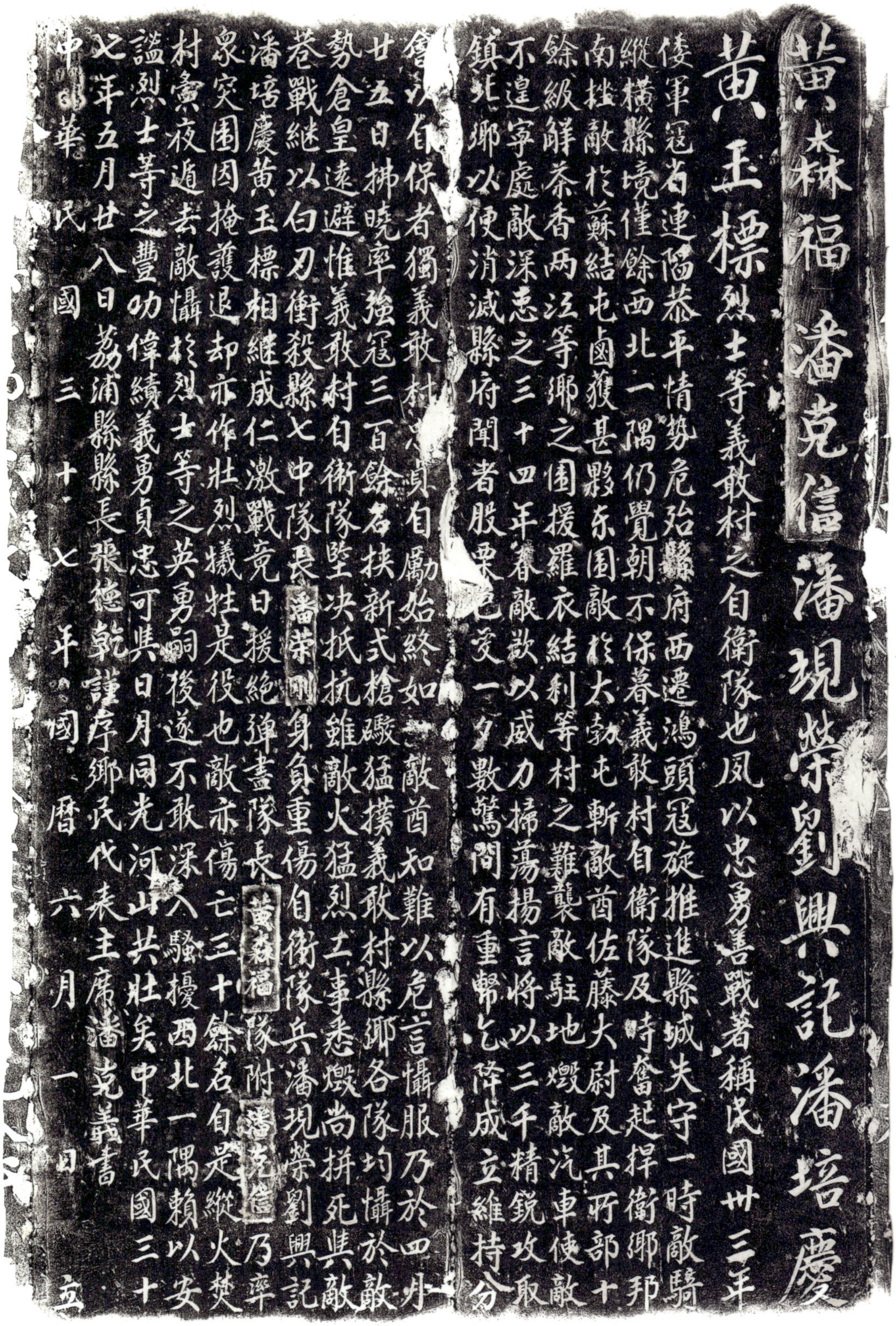

黃森福潘克信潘現榮劉興記潘培慶
黃玉標烈士等義敢村之自衛隊也夙以忠勇善戰著稱民國卅三年
倭軍寇省連陷恭平情勢危殆縣府西遷鴻頭寇旋推進縣城失守一時敵騎
縱橫縣境僅餘西北一隅仍覺朝不保暮義敢村自衛隊及時奮起捍衛鄉邦
南扶敵於蘇結屯鹵獲甚夥乘圍敵於大欽屯斬敵酋佐藤大尉及其所部十
餘級解茶香兩江等鄉之圍援羅衣結利等村之難襲敵駐地燬敵汽車使敵
不遑寧處敵深恚之三十四年春敵欲以威力掃蕩揚言將以三千精銳攻取
鎮北鄉以便消滅縣府聞者股栗危爰一夕數驚間有重幣乞降成立維持分
會以自保者獨義敢村忠貞自勵始終如一敵酋知難以危言懾服乃於四月
廿五日拂曉率強寇三百餘名挾新式槍礮猛撲義敢村縣鄉各隊均懾於敵
勢倉皇遠避惟義敢村自衛隊堅決抵抗雖敵火猛烈士事悉燬尚拼死與敵
巷戰繼以白刃衛殺縣七中隊長潘榮剛身負重傷自衛隊兵潘現榮劉興記
潘培慶黃玉標相繼成仁激戰竟日援絕彈盡隊長黃森福隊附潘克信乃率
衆突圍因掩護退却亦作壯烈犧牲是役也敵亦傷亡三十餘名自是縱火焚
村黨夜遁去敵懾於烈士等之英勇嗣後遂不敢深入騷擾西北一隅賴以安
謐烈士等之豐功偉績義勇貞忠可與日月同光河山共壯矣中華民國三十
七年五月廿八日荔浦縣縣長張德乾謹序鄉民代表主席潘克義書
中華民國三十七年國曆六月一日立

义敢村抗战阵亡烈士纪念碑（二）

茶城乡

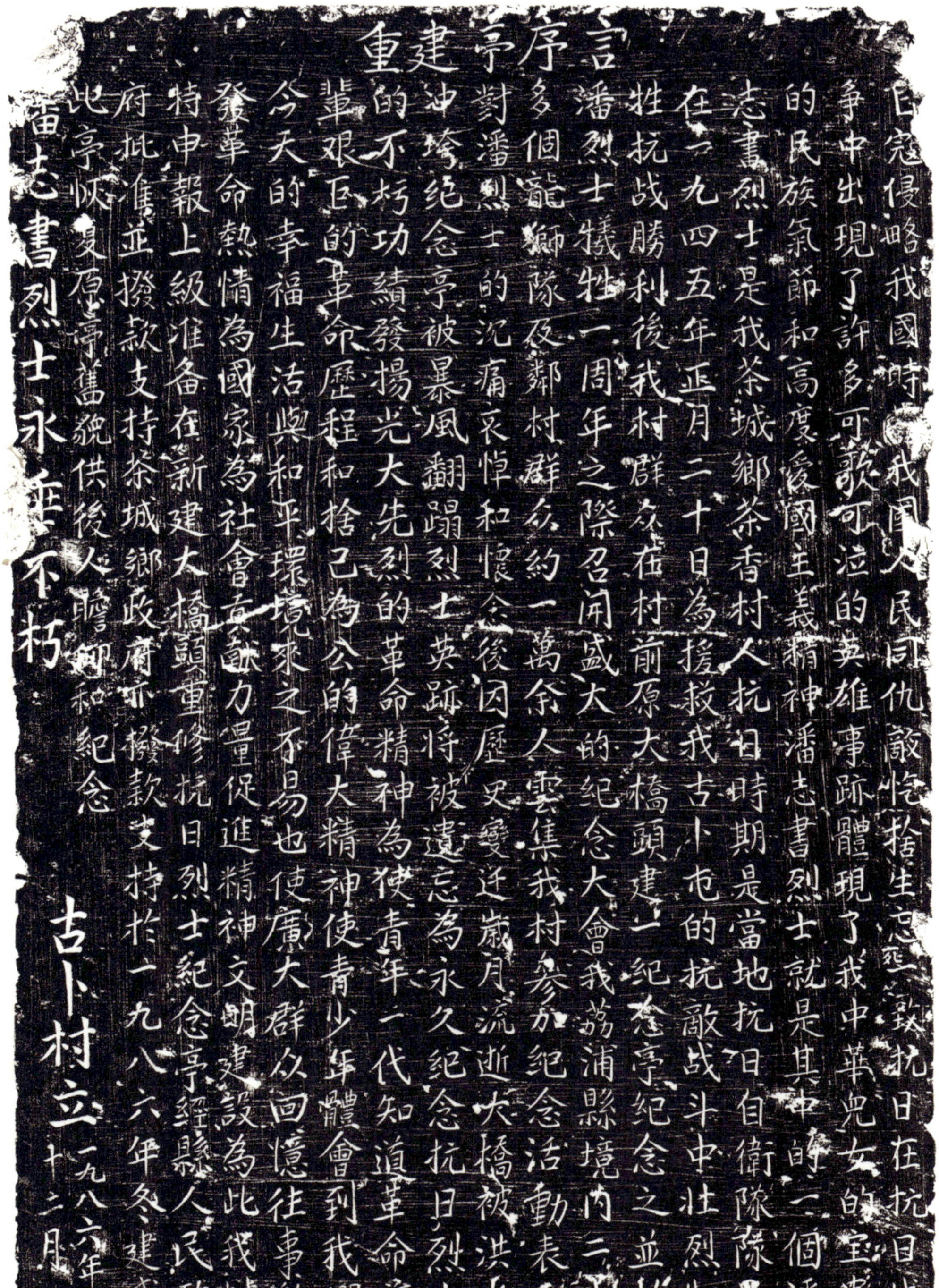
重建亭序言

日寇侵略我國時我國人民同仇敵愾捨生忘死致抗日在抗日戰爭中出現了許多可歌可泣的英雄事跡體現了我中華兒女的寶貴的民族氣節和高度愛國主義精神潘志書烈士就是其中的一個潘志書烈士是我茶城鄉茶香村人抗日時期是當地抗日自衛隊隊員在一九四五年正月二十日為援救我古卜屯的抗敵戰斗中壯烈犧牲抗戰勝利後我村群众在村前原大橋頭建一紀念亭紀念之並於潘烈士犧牲一周年之際召開盛大的紀念大會我荔浦縣境內二十多個龍獅隊及鄰村群众約一萬余人雲集我村參加紀念活動表示對潘烈士的沉痛哀悼和懷念後因歷史變迁歲月流逝大橋被洪水沖垮紀念亭被暴風翻蹋烈士英跡將被遺忘為永久紀念抗日烈士的不朽功績發揚光大先烈的革命精神為使青年一代知道革命前輩艰巨的革命歷程和捨己為公的偉大精神使青少年體會到我們今天的幸福生活與和平環境來之不易也使廣大群众回憶往事激發革命熱情為國家為社會貢獻力量促進精神文明建設為此我村特申報上級准备在新建大橋頭重修抗日烈士紀念亭經縣人民政府批准並撥款支持茶城鄉政府亦撥款支持於一九八六年冬建成此亭恢復原亭舊貌供後人瞻仰和紀念

潘志書烈士永垂不朽

古卜村立　一九八六年十二月

重建光复亭序言碑

位于茶城乡古卜屯河边，原碑立于光复亭中央，现已不知所终。1986 年 12 月村民在原碑处新立，碑高 78 厘米，宽 57 厘米。字为真书，阴刻。

附录一

荔浦市石刻分布表

序号	名称	年代	地址
1	梁弼直《祈雨文》	宋绍兴三十二年（1162 年）	荔城镇鹅翎岩
2	甘叙异鹅翎岩题诗	宋淳熙十一年（1184 年）	荔城镇鹅翎岩
3	董居玉、胡子节同游鹅翎岩题名	宋淳熙十一年（1184 年）	荔城镇鹅翎岩
4	梁弼直《永祈铭》	宋绍兴年间	荔城镇鹅翎岩
5	散山橘贤子鹅翎寺修砌坡路起造佛殿雕塑圣像述古偈颂	明万历十四年（1586 年）	荔城镇鹅翎山
6	甘应可登鹅翎岩题诗	明万历十七年（1589 年）	荔城镇鹅翎岩
7	刘大业登鹅翎岩题诗	明万历四十二年（1614 年）	荔城镇鹅翎岩
8	赵元会登鹅翎岩题诗	明崇祯五年（1632 年）	荔城镇鹅翎岩
9	仍复上岩前后山场田地碑	清康熙二十四年（1685 年）	荔城镇鹅翎寺
10	许之豫等登鹅翎岩题诗	清康熙五十一年（1712 年）、五十二年（1713 年）	荔城镇鹅翎岩
11	修理鹅灵（翎）岩马（码）头募化碑	清乾隆十九年（1754 年）	荔城镇鹅翎岩
12	装修鹅灵（翎）寺诸佛神像并殿宇碑记	清乾隆二十二年（1757 年）	荔城镇鹅翎寺
13	梁朝纪登鹅翎岩题诗	清乾隆三十二年（1767 年）	荔城镇鹅翎岩
14	鹅翎寺重修栏杆捐资碑	清乾隆三十九年（1774 年）	荔城镇鹅翎岩
15	荔浦湖广会馆产业碑	清道光十四年（1834 年）	荔城镇雍和巷
16	置买墟铺牌	清道光二十六年（1846 年）	荔城镇福建会馆
17	胡九英鹅翎寺酬谢碑	清同治十一年（1872 年）	荔城镇鹅翎岩
18	南雄村刘氏宗祠刘氏田界碑	清光绪元年（1875 年）	荔城镇南雄村刘氏宗祠
19	重修福建会馆万古流芳碑记	清光绪六年（1880 年）	荔城镇福建会馆
20	蒋邦柏鹅翎寺敬送香炉题名	清光绪七年（1881 年）	荔城镇鹅翎寺

续表

序号	名称	年代	地址
21	曹咸熙、李登瀛鹅翎岩祈雨题名	清光绪八年（1882年）	荔城镇鹅翎岩
22	福庆堂碑记	清光绪十二年（1886年）	荔城镇福建会馆
23	新建客厅并修厨房戏台碑记	清光绪十九年（1893年）	荔城镇福建会馆
24	福星堂会碑记	清光绪二十二年（1896年）	荔城镇福建会馆
25	闽馆香灯碑记	清光绪二十六年（1900年）	荔城镇福建会馆
26	重修戏台碑记	清光绪三十年（1904年）	荔城镇福建会馆
27	李金治等洞瀿庙捐香炉题名	清光绪三十三年（1907年）	荔浦市文物管理所
28	重修迎薰门、承恩门碑记	清宣统元年（1909年）	荔城镇迎薰门
29	胥时育登鹅翎岩题诗	推测在清康熙年间	荔城镇鹅翎岩
30	重修关帝庙捐资记事碑	推测在清光绪三十二年（1906年）	荔城镇中山公园
31	迎薰门匾额	推测在清宣统元年（1909年）	荔城镇迎薰门
32	承恩门匾额	推测在清宣统元年（1909年）	荔城镇迎薰门
33	“寿永坤贞”匾额	推测在清代	荔浦市文物管理所
34	福建会馆□□堂碑记	民国七年（1918年）	荔城镇福建会馆
35	荔浦县公署碑记	民国十年（1921年）	荔城镇鹅翎寺
36	荔浦县政府布告碑	民国二十一年（1932年）	荔浦市文物管理所
37	重修鹅翎寺山门碑	民国二十七年（1938年）	荔城镇鹅翎寺
38	重修鹅□□	推测在民国二十年（1931年）至三十四年（1945年）间	荔城镇鹅翎寺
39	鹅翎岩龙洞题联	不详	荔城镇鹅翎岩
40	张弘鹅翎岩题诗	不详	荔城镇鹅翎岩

续表

序号	名称	年代	地址
41	闽馆重修看台碑	不详	荔城镇福建会馆
42	阁厨所碑记	不详	荔城镇福建会馆
43	秦竟善穿岩舍钱砌路题名	元至正十年（1350 年）	双江镇穿岩
44	穿岩庚寅岁题记	元至正十年（1350 年）	双江镇穿岩
45	钟行旦穿岩题诗	清康熙十二年（1673 年）	双江镇穿岩
46	何天麟穿岩题诗并序	清康熙三十二年（1693 年）	双江镇穿岩
47	穿岩地界禁约题记	清道光二十八年（1848 年）	双江镇穿岩
48	秦淑悠口舌岩“积善堡”题名	清咸丰八年（1858 年）	双江镇口舌岩
49	秦淑悠积善堡修缮题记	清咸丰八年（1858 年）	双江镇口舌岩
50	何济生墓碑及题联	清宣统元年（1909 年）	双江镇太和村大六相屯大水寨
51	许之豫游穿岩题诗	推测在清康熙年间	双江镇穿岩
52	李著芳等口舌岩题咏	推测在清道光、咸丰年间	双江镇口舌岩
53	积善堡重修题记	题于清光绪五年（1879 年），民国二年（1913 年）补刻	双江镇口舌岩
54	新建学堂碑记	推测在民国时期	双江镇小成村抗战旧址
55	穿岩“不求名利且求光”题咏	不详	双江镇穿岩
56	许之豫天门岩祈雨题记	清康熙五十年（1711 年）	新坪镇天门岩
57	李时德举人进士旗杆石题名	推测在清咸丰六年（1856 年）	新坪镇广福村
58	飞龙岩纪年碑记	民国三十三年（1944 年）	龙怀乡莲塘村飞龙岩
59	建造发旺门碑记	明崇祯二年（1629 年）	马岭镇新寨村发旺门
60	发旺门匾额	明崇祯二年（1629 年）	马岭镇新寨村发旺门

续表

序号	名称	年代	地址
61	小青山村“众村永远立禁”碑	清嘉庆九年（1804年）	马岭镇永明村银龙古寨
62	杨日高求头枯碑	清嘉庆十八年（1813年）	马岭镇大地村下大地屯
63	重修下大地村巩（拱）桥碑	清嘉庆十九年（1814年）	马岭镇大地村下大地屯
64	重修发旺门碑记	清咸丰元年（1851年）	马岭镇新寨村发旺门
65	建造履祥门捐资碑	清咸丰五年（1855年）	马岭镇永明村银龙古寨履祥门
66	小青山村合同碑记	清光绪十年（1884年）	马岭镇永明村银龙古寨
67	谕祭黄政德碑	清光绪十三年（1887年）	马岭镇凤凰村三篢屯
68	黄政德墓碑	清光绪二十二年（1896年）	马岭镇凤凰村三篢屯
69	黄政德墓志铭	清光绪二十二年（1896年）	马岭镇凤凰村三篢屯
70	陈嘉墓碑及题联	原为清光绪三十三年（1907年）刻立，2004年重立	马岭镇永明村五里亭飞凤岭
71	重修锁龙庵碑	清康熙五十九年（1720年）	杜莫镇寨村锁龙庵
72	重修五将金仙两庙石碑	清乾隆三十六年（1771年）	杜莫镇寨村古石门
73	新造莫王庇荫桥碑	清乾隆四十三年（1778年）	杜莫镇寨村莫王庙
74	三月三日接神碑	清乾隆五十八年（1793年）	杜莫镇寨村莫王庙
75	重修石门路碑	清嘉庆二十四年（1819年）	杜莫镇寨村古石门
76	新建玉泉寺头座碑	清乾隆四十一年（1776年）	修仁镇玉泉山玉泉寺遗址
77	□禅和尚碑	清道光三年（1823年）	修仁镇玉泉山玉泉寺遗址
78	修仁文庙邓姓地界碑记	清光绪十五年（1889年）	修仁镇文庙
79	修仁码头告示碑	清光绪三十三年（1907年）	修仁镇临江街
80	修仁文庙棂星门匾额	不详	修仁镇文庙

续表

序号	名称	年代	地址
81	重修水马（码）头路碑	不详	修仁镇临江街
82	修仁码头石敢当	不详	修仁镇建陵街码头
83	奉各大宪禁革陋弊碑记	清嘉庆十三年（1808年）	东昌镇观音庙
84	重修观音庙各乡碑记	清道光十三年（1833年）	东昌镇观音庙
85	建筑三圣宫及抗战胜利纪念牌坊碑记	民国三十四年（1945年）	东昌镇白帝庙
86	潘慰农题“退思园”匾额	民国三十六年（1947年）	东昌镇白帝庙胜利门
87	皇室诰封韦编“奉天敕命”碑	清同治元年（1862年）	花篢镇福灵村白滩屯韦氏宗祠
88	乾隆三十年重修孔抱井碑	清乾隆三十年（1765年）	青山镇松林村孔抱井
89	道光十年重修孔抱井碑	清道光十年（1830年）	青山镇松林村孔抱井
90	新修水月庵功德碑	原立于清乾隆六十年（1795年），清光绪四年（1878年）重刻	青山镇荔江湾水月庵遗址
91	义敢村抗战阵亡烈士纪念碑	民国三十七年（1948年）	大塘镇义敢村
92	重建光复亭序言碑	1986年重立	茶城乡古卜屯

附录二

荔浦市修仁镇修仁文庙石刻纹样

吕洞宾修行图（修仁文庙栏杆石板）

凤凰纹（修仁文庙大成殿栏杆石板）

鱼跃龙门纹（修仁文庙状元桥栏杆石板）

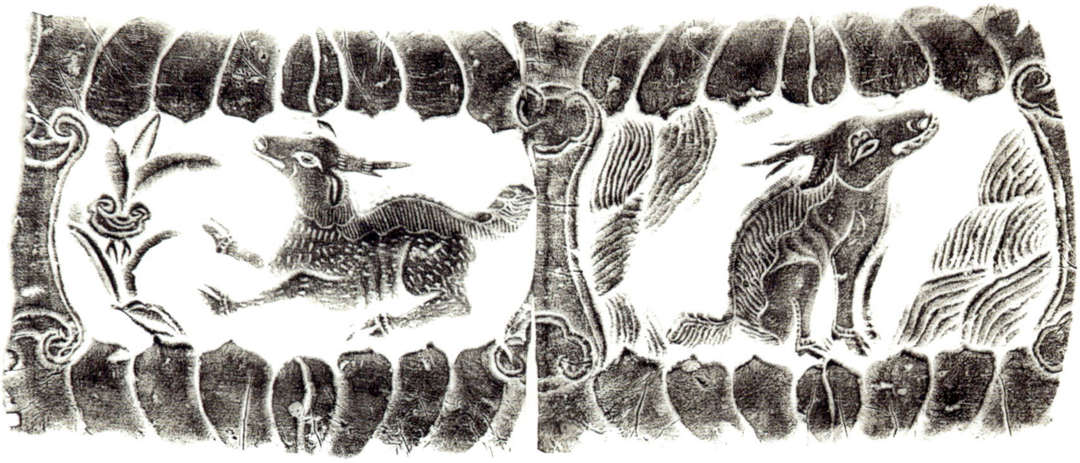

鹿纹（修仁文庙石柱础）

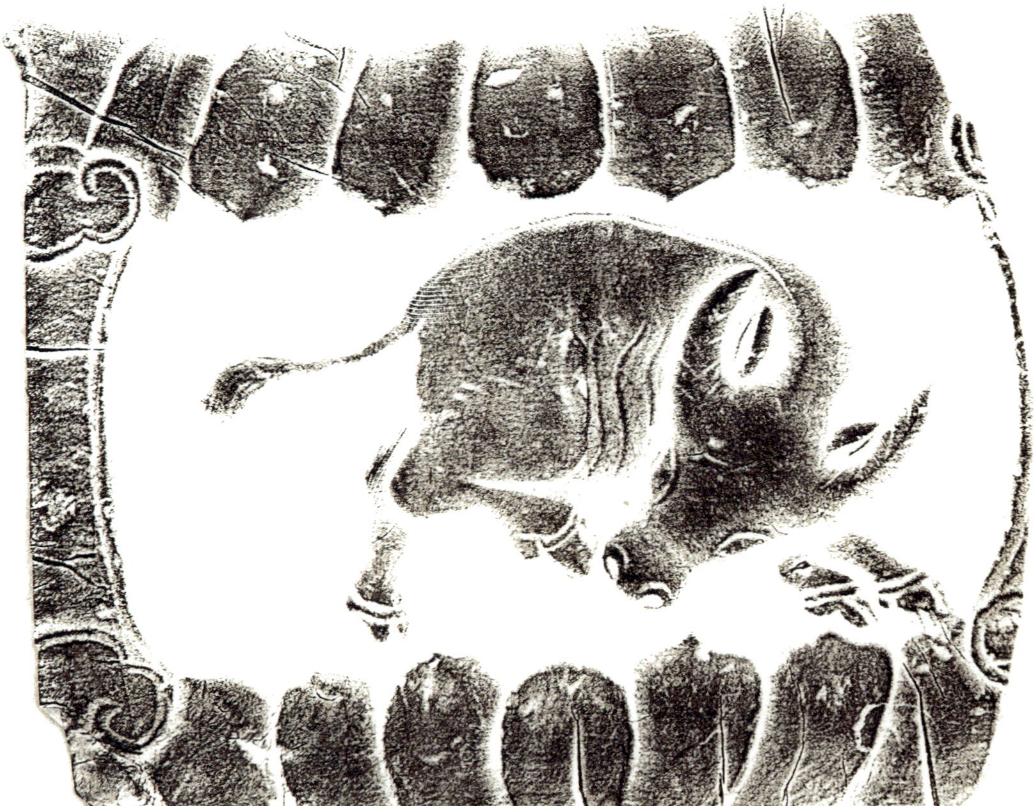

犀牛纹（修仁文庙石柱础）

凤凰纹（修仁文庙石柱础）

蝠鹿同寿纹（修仁文庙石柱础）

鹿鹤同春纹（修仁文庙石柱础）

瑞兽纹（修仁文庙石柱础）

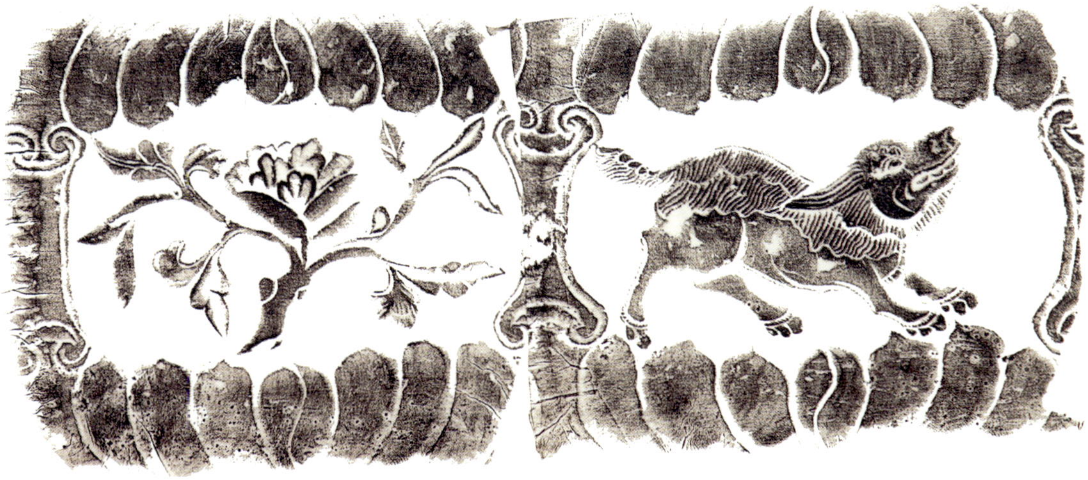

瑞兽纹（修仁文庙石柱础）

花鸟纹（修仁文庙石柱础）

貔貅纹（修仁文庙石柱础）

麒麟纹（修仁文庙石柱础）

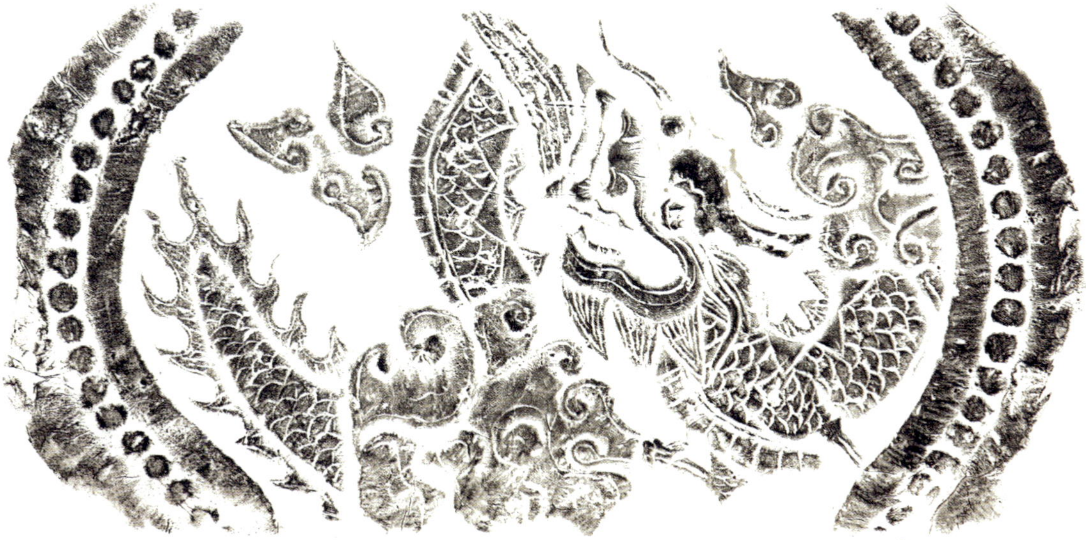

云龙纹（修仁文庙石柱础）

凤凰纹（修仁文庙石柱础）

麒麟纹（修仁文庙石柱础）

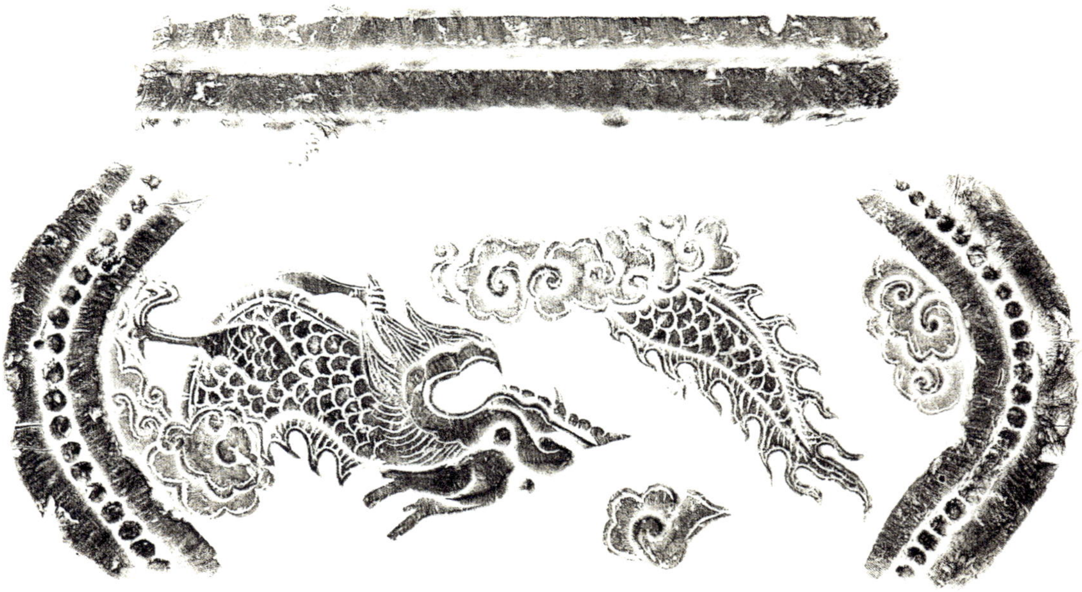

云龙纹（修仁文庙石柱础）

双凤朝阳纹（修仁文庙石柱础）

双蝠捧寿纹（修仁文庙石柱础）

凤舞琼花纹（修仁文庙石柱础）

猫纹（修仁文庙石柱础）

团扇纹（修仁文庙石柱础）

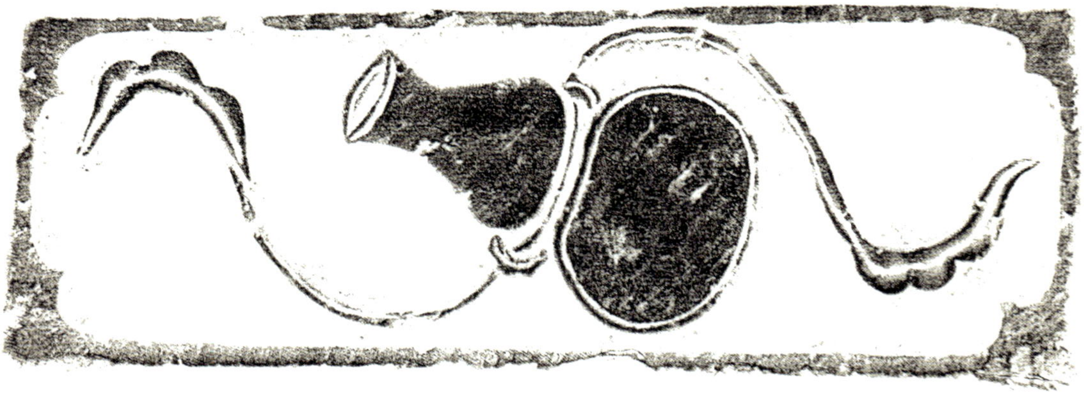

葫芦纹（修仁文庙石柱础）

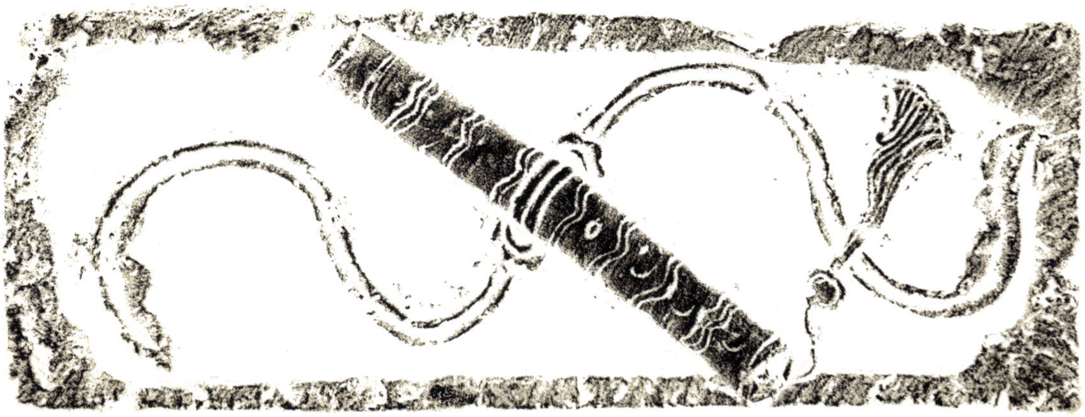

笛子纹（修仁文庙石柱础）

宝剑纹（修仁文庙石柱础）

宝剑纹（修仁文庙石柱础）

阴阳板纹（修仁文庙石柱础）

渔鼓纹（修仁文庙石柱础）

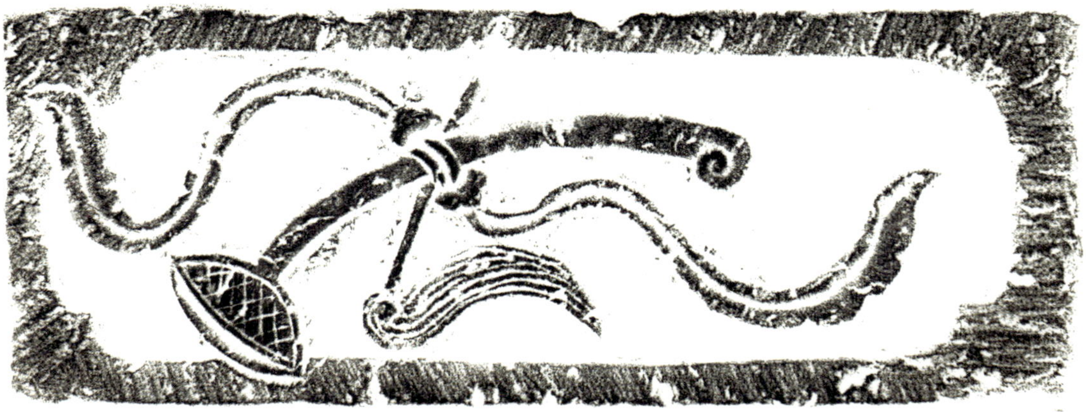

莲蓬拂尘纹（修仁文庙石柱础）

卷云缠枝纹（修仁文庙石柱础）

卷草龙纹（修仁文庙石柱础）

菊花枝纹（修仁文庙石柱础）

海棠花枝纹（修仁文庙石柱础）

梅花如意纹（修仁文庙石柱础）

花枝纹（修仁文庙石柱础）

叶子纹（修仁文庙石柱础）

卷草龙纹（修仁文庙石柱础）

卷草龙纹（修仁文庙石柱础）

覆莲赑屃纹（修仁文庙石柱础）

覆莲回形纹（修仁文庙石柱础）

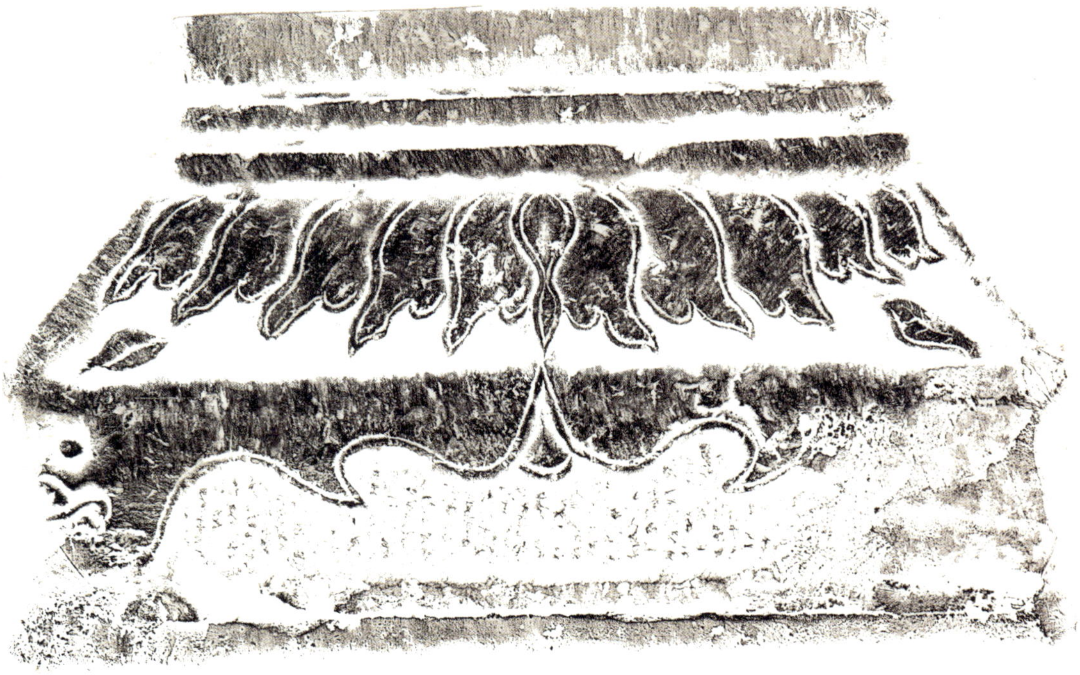

覆莲赑屃纹（修仁文庙石柱础）

卷云纹（修仁文庙石柱础）

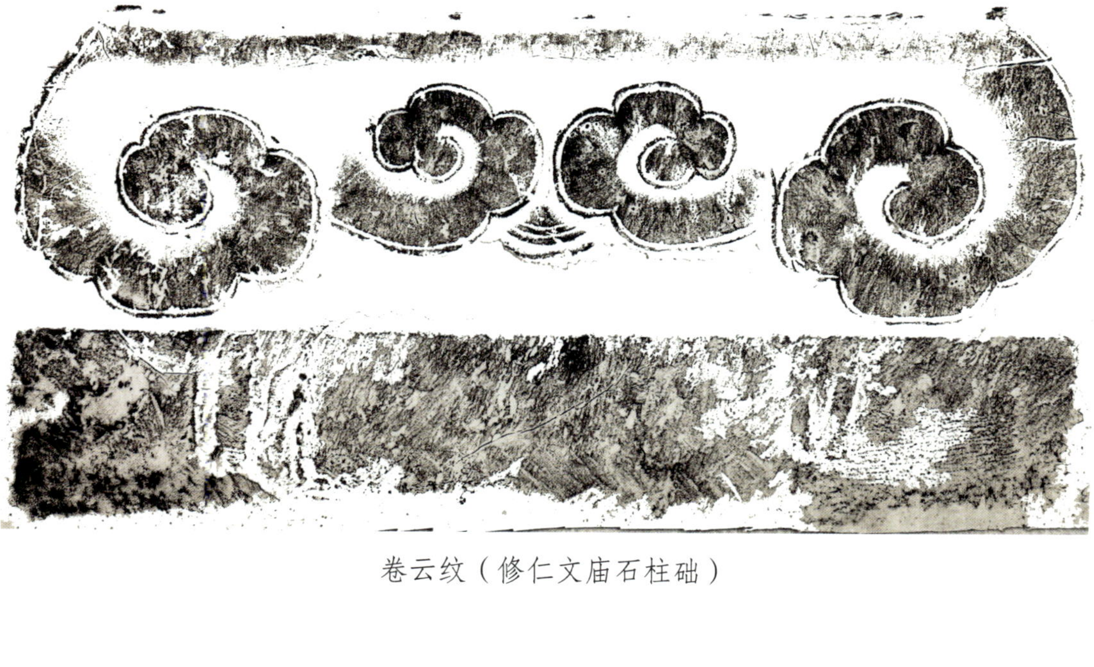

卷云纹（修仁文庙石柱础）

跋

石刻，是承载历史、传承文化艺术的重要实物资料。它在众多文献载体中别具特色，所谓“缣缃有坏，简策非久，金牒难求，皮纸易灭”，相比之下，石刻以其独特的稳定性，为后世留下了丰富的文化遗产。因此，无论是研究历史文化，还是学习书法艺术，石刻都是不可或缺的宝贵资源。《荔浦石刻》一书，收录的荔浦石刻类型多样，有摩崖石刻、碑碣、匾额等。石刻的内容非常广泛，包括文人题咏、官府告谕、田产凭证、名人墓志等，无一不生动地反映了荔浦地区的社会风貌与历史变迁。

荔浦历史悠久，石刻文化积淀深厚。然诸多石刻饱经沧桑，遭受风雨剥蚀或人为因素的破坏，毁损严重，保护抢救实乃当务之急。因此，对重要石刻文物进行抢救与保护实为笔者编写本书的主要目的。

笔者自 2017 年 12 月开始对荔浦石刻遗存进行调查、收集、拓印、整理，自收集、拓印石刻到成书面世已历时六年多。在整理和编写过程中，林京海、曾燕娟、韦卫能、江田祥、鲍刚、彭众等专家学者给予了笔者大力的支持和帮助；广西教育出版社古籍出版中心对本书的目录拟定与内容编排提供了指导与建议，并进行了细致的修改；荔浦市委常委、宣传部部长何彰贤为本书作序，还提供了荔浦的人文古迹摄影作品；荔浦市文化广电体育和旅游局局长曾妍在本书的出版印刷方面做了大量的协调工作。在此，笔者对以上所有给予帮助和支持的人士及单位表示最诚挚的感谢。

由于人手、经费和专业技术力量有限，本书只做石刻拓片影印，旨在让更多读者了解荔浦石刻，了解荔浦优秀的历史文化。同时，希望本书能起到抛砖引玉的作用，吸引更多有识之士参与荔浦石刻的文化研究。由于部分石刻残缺不全、模糊不清，加之编者水平有限，《荔浦石刻》一书不足之处，敬请读者批评指正。

李　云

2024 年 2 月